io imprensasocial

Esta publicação foi possível graças a um programa de ação social da

imprensaoficial

ORIENTAÇÃO PARA EDUCAÇÃO AMBIENTAL
NAS BACIAS HIDROGRÁFICAS DO ESTADO DE SÃO PAULO

ORIGEM E CAMINHOS DA REPEA
REDE PAULISTA DE EDUCAÇÃO AMBIENTAL

GOVERNO DO ESTADO DE SÃO PAULO
RESPEITO POR VOCÊ

Governador Geraldo Alckmin
Secretário-chefe da Casa Civil Arnaldo Madeira

imprensaoficial

IMPRENSA OFICIAL DO ESTADO DE SÃO PAULO

Diretor-presidente Hubert Alquéres

Diretor Vice-presidente Luiz Carlos Frigerio
Diretor Industrial Teiji Tomioka
Diretora Financeira e Administrativa Nodette Mameri Peano
Chefe de Gabinete Emerson Bento Pereira
Núcleos de Projetos Institucionais Vera Lucia Wey

5 ELEMENTOS

INSTITUTO DE EDUCAÇÃO E PESQUISA AMBIENTAL

CONSELHO CONSULTIVO
Presidente Elie Politi
Vice-presidente Andréa Lúcia N.Villares
Célia M. Azevedo Mizinski
Franklin Kuperman
Minka Ilse Bojadsen
Pedro Jacobi
Conselho Fiscal José Carlos Muneratti
Paulo Afonso Garcia
Diretoras Mônica Pilz Borba
Patricia Bastos Godoy Otero

ORIENTAÇÃO PARA EDUCAÇÃO AMBIENTAL
NAS BACIAS HIDROGRÁFICAS DO ESTADO DE SÃO PAULO

ORIGEM E CAMINHOS DA REPEA
REDE PAULISTA DE EDUCAÇÃO AMBIENTAL

5 ELEMENTOS

imprensaoficial

São Paulo, 2005

Dados Internacionais de Catalogação na Publicação (CIP)
(Câmara Brasileira do Livro, SP, Brasil)

Orientação para educação ambiental : nas bacias hidrográficas do Estado de São Paulo : origem e caminhos da REPEA – Rede Paulista de Educação Ambiental / [organizadoras Mônica Pilz Borba, Patricia Otero e Cyntia Helena Ravena Pinheiro]. – São Paulo : Imprensa Oficial do Estado de São Paulo : 5 Elementos Instituto de Educação e Pesquisa Ambiental, 2005.

Vários autores.
Bibliografia.
ISBN 85-7060-350-9 (Imprensa Oficial)

1. Bacias hidrográficas – Brasil – São Paulo (Estado) 2. Educação Ambiental – São Paulo (Estado) 3. Recursos hídricos – Desenvolvimento – Aspectos ambientais 4. Recursos hídricos – Desenvolvimento – Brasil – São Paulo (Estado) 5. Rede Paulista de Educação Ambiental – História I. Borba, Mônica Pilz. II. Otero, Patrícia. III. Pinheiro, Cyntia H. Ravena.

05-2460 CDD – 304.2098161

Foi feito o depósito legal na Biblioteca Nacional (Lei n° 1.825, de 20/12/1907)

5 Elementos Instituto de Educação e Pesquisa Ambiental
Rua Catão, 1.173 - Lapa
05049-000 - São Paulo/SP
www.5elementos.org.br
comunicacao@5elementos.org.br

Imprensa Oficial do Estado de São Paulo
Rua da Mooca, 1.921 - Mooca
03103-602 - São Paulo - SP
Tel.:(11) 6099-9800
Fax:(11) 6099-9674
www.imprensaoficial.com.br
livros@imprensaoficial.com.br
SAC: 0800-123 401

Cyntia Helena Ravena Pinheiro
Mônica Pilz Borba
Patricia Bastos Godoy Otero

AGRADECIMENTOS

Gostaríamos de agradecer a todos os nossos parceiros, pessoas e instituições que participam da rede e transformaram nosso sonho e projeto de *Fortalecimento da REPEA*, em realidade.

Nos anos de 2002 a 2004, foi enorme o esforço para transformar o ideal coletivo em algo verdadeiro e concreto. Hoje, o pertencimento à rede é visível nesta ciranda onde todos nós, elos da rede, podemos usufruir a sua animação, articulação e integração.

Foram muitos momentos de prazer, alegria, desafios e criatividade, para que a rede pudesse seguir seu rumo, conforme os ventos sopraram.

Quando o projeto terminou, em junho de 2004, sentimo-nos responsáveis por produzir um material que resgatasse este trabalho maravilhoso que pudemos coordenar, que servisse de referência para a continuidade dos trabalhos dos elos da REPEA. Foi assim, que surgiu a idéia de produzir esta publicação, do nosso desejo de compartilhar nossos caminhos, processos e aprendizagens na gestão da REPEA.

Desejamos, que todos que leiam esta publicação possam se ver nela e compreender que, para que possamos implantar nossas ações em educação ambiental, é imprescindível que estejamos conectados e nutrindo constantemente a nossa querida REPEA.

A solidariedade e o reconhecimento tornaram esta idéia em um produto concreto; precisamos, como sempre na rede, de muitas mãos, então, queremos agradecer a todos que enviaram os textos, depoimentos e contribuições, ao nosso designer, que se dedicou de corpo e alma, e ao nosso querido revisor, que trouxe seu olhar objetivo e de sabedoria à nossa obra.

Um agradecimento especial à coordenação do PROAONG – Programa Estadual de Apoio as ONG´s da SMA – Secretaria de Meio Ambiente do Estado de São Paulo, que sempre colaborou com a divulgação de todas as atividades da rede. Ao DGDA – Departamento de Gerenciamento de Dados Ambientais – Coordenadoria de Planejamento Ambiental Estratégico e Educação Ambiental da Secretaria Estadual de Meio Ambiente e ao LIG – Laboratório de Informática Geológica - Departamento de Geologia Sedimentar e Ambiental do Instituto de Geociências da Universidade de São Paulo pelo apoio técnico que possibilitou a apresentação espacial regionalizada dos dados do Diagnóstico da REPEA. Ao DAEE – Departamento de Águas e Energia Elétrica da Secretaria de Energia, Recursos Hídricos e Saneamento do Estado de São Paulo por ter cedido os mapas e resumos dos diagnósticos ambientais das 22 bacias hidrográficas de SP que estão no capítulo 4 desta publicação e ao IGC - Instituto Geográfico e Cartográfico – Coordenadoria de Articulação e Planejamento Regional da Secretaria de Economia e Planejamento do Estado de São Paulo, por disponibilizar o mapa das Unidades de Gerenciamento de Recursos Hídricos de São Paulo, utilizado no encarte da nossa obra.

Obrigada, ao Instituto Sócio Ambiental, que faz parte do Conselho Editorial do programa social da Imprensa Oficial do Estado de São Paulo, que impulsionou e levou a idéia desta publicação e conseguiu apoio da Imprensa Oficial para fotolitos e impressão.

O WWF-Brasil e ao HSBC, que mais uma vez mostrou seu forte propósito em construir ações que efetivem a consolidação da Educação Ambiental em nosso país.

Ao Semasa – Serviço Municipal de Saneamento Ambiental de Santo André, Banco Real – ABN AMRO, Suzano – Papel e Celulose e ao MMA – Ministério do Meio Ambiente, nossos sinceros agradecimentos por contribuir com a doação de papel, e tornar esta idéia num produto que será de grande utilidade para todos os educadores ambientais do nosso estado, país e continente.

Oferecemos esta publicação às gerações futuras, ou seja, aos nossos queridos filhos: Tuta, João, Pedro, Luiz, Diogo, Julia e Natália que nos ensinam sobre o amor a vida e que, muitas vezes sentiram a falta da nossa presença. Queremos que saibam, que toda esta luta é porque acreditamos que um outro mundo é possível para vocês e todas as crianças e jovens deste planeta.

EDUCAÇÃO AMBIENTAL PELAS ÁGUAS

Denise Hamú
Larissa Costa
Samuel Roiphe Barrêto

Denise Hamú - Secretária Geral do WWF-Brasil

Larissa Costa - Programa de Educação Ambiental – WWF-Brasil

Samuel Roiphe Barrêto - Programa Água para a Vida – WWF-Brasil

O Brasil é o país mais rico do mundo em recursos hídricos. Conta com 13,7% da água doce disponível do planeta, além de abrigar enorme biodiversidade como o Pantanal – a maior área úmida continental do mundo – e a várzea amazônica, a mais extensa floresta alagada da Terra. Apesar da privilegiada situação quanto à quantidade e à qualidade de suas águas, cabe dizer que nossos recursos hídricos não vêm sendo utilizados de forma correta e responsável. Superexploração, despreocupação com os mananciais, má distribuição, poluição, desmatamento e desperdício são apenas alguns dos fatores que demonstram o problema. Vale ressaltar ainda que a escassez de água põe em risco a vida de todos os seres vivos e afeta diretamente as diversas atividades humanas.

No entanto, algumas mudanças importantes vêm acontecendo nesse campo em várias partes do País. O Estado de São Paulo, por exemplo, foi pioneiro na criação e implementação da política e do sistema de recursos hídricos. Os 21 comitês de bacia estão consolidados, enquanto o Fundo Estadual de Recursos Hídricos movimenta mais de 22 milhões de reais que estão sendo investidos na melhoria da conservação e gestão de água no Estado. No âmbito federal, a Lei 9.433 (1997), que institui a Política Nacional de Recursos Hídricos, é um instrumento moderno e progressista que estabelece princípios sólidos de participação e descentralização da gestão dos recursos hídricos. A lei está em processo de regulamentação, e já é aplicada em vários Estados e regiões. Além disso, o governo federal criou, em 2000, a Agência Nacional de Águas - ANA, responsável por implementar a nova lei.

Buscando contribuir para a implementação das políticas nacional e estaduais de recursos hídricos e qualificar o debate e a participação, o WWF-Brasil criou, em 2001, o Programa de Conservação e Gestão de Água Doce – Água para a Vida, cuja intenção é promover um amplo debate a respeito das nossas águas e mobilizar a sociedade civil e os governos na construção de soluções e ações para conservação e gestão dos recursos hídricos no Brasil.

Apoiar a publicação Orientação para Educação Ambiental nas Bacias Hidrográficas do Estado de São Paulo - Origem e Caminhos da REPEA faz parte deste esforço e o WWF-Brasil tem grande satisfação em contribuir para a difusão do valioso trabalho construído pela Rede Paulista de Educação Ambiental - REPEA.

Alguns aspectos da publicação merecem destaque. O primeiro é o fato de a REPEA, uma rede de educadores ambientais, adotar a divisão das bacias hidrográficas como forma de organização. Ao constituir-se como uma rede, cujos elos correspondem às bacias do Estado, a REPEA fez reforçar a atuação de educadores ambientais em torno dos problemas e soluções para a questão das águas paulistas e contribuiu para fortalecer os próprios organismos de gestão de bacia. O segundo é ressaltar a importância e o papel da educação ambiental na mobilização e envolvimento dos diversos atores sociais para compreensão, participação e tomada de decisão sobre a conservação e gestão dos recursos hídricos.

A publicação, além de contar a história da REPEA, traça um perfil da educação ambiental realizada no Estado de São Paulo, retrata a situação de suas bacias hidrográficas e faz uma análise cruzada entre as ações de EA frente aos problemas identificados. Trata-se de um trabalho de levantamento de dados e informações, organizados de forma inovadora e que podem servir de material de referência para todos aqueles que se interessam pela educação ambiental, pelas redes e pela questão das águas.

Esperamos que a leitura seja instigante e inspiradora para todos aqueles que participam e atuam no cuidado das águas paulistas, bem como para educadores e gestores ambientais das mais diversas regiões do País.

PREFÁCIO

Pedro Jacobi

Prefaciar esta publicação representa um momento de dupla satisfação. Em primeiro lugar, a possibilidade de contribuir neste momento de resgate de uma história tão ousada e criativa e, em segundo lugar, ser parte componente de um processo tão desafiador como o de dar voz a um movimento da sociedade que busca acima de tudo fortalecer valores e éticas que são cada vez mais necessários num mundo marcado pela multiplicação de riscos. Estes riscos, principalmente, os ambientais e tecnológicos de graves conseqüências, são elementos-chave para entender as características, os limites e as transformações da nossa modernidade. Ao tornar-se cada vez mais autocrítica, a sociedade mostra que, ao mesmo tempo em que a humanidade põe a si mesma em perigo, reconhece os riscos que produz e reage diante disso.

Num contexto marcado pela degradação permanente do meio ambiente e do seu ecossistema, a problemática envolve um conjunto de atores do universo educativo em todos os níveis, potencializando o engajamento dos diversos sistemas de conhecimento, a capacitação de profissionais e as comunidades educativas numa perspectiva interdisciplinar.

Vive-se, no início do século XXI, uma emergência, que, mais que ecológica, é uma crise do estilo de pensamento, dos imaginários sociais, dos pressupostos epistemológicos e do conhecimento que sustentaram a modernidade. Uma crise do ser no mundo, que se manifesta em toda sua plenitude; nos espaços internos do sujeito, nas condutas sociais autodestrutivas e, nos espaços externos, na degradação da natureza e da qualidade de vida das pessoas.

O caminho para uma sociedade sustentável se fortalece na medida em que se desenvolvem práticas educativas que, pautadas pelo paradigma da complexidade, aportem para os espaços pedagógicos, na sua diversidade e multiplicidade, uma compreensão quanto aos efeitos gerados por uma sociedade cada vez mais pragmática e utilitarista.

Há uma demanda atual para que a sociedade esteja mais motivada e mobilizada para assumir um papel mais propositivo, bem como ser capaz de questionar, de forma concreta, a falta de iniciativa do governo em imple-

Pedro Jacobi é professor titular da Faculdade de Educação e do Programa de Pós-Graduação em Ciência Ambiental da Universidade de São Paulo (PROCAM-USP). É autor de Políticas Sociais e Ampliação da Cidadania (2000), Cidade e Meio Ambiente – percepções e práticas em São Paulo (1999), Movimentos Sociais e Políticas Públicas (1989) e co-autor de Citizens at Risk (2001). Desenvolve pesquisas sobre gestão compartilhada de recursos hídricos, capital social e meio ambiente, políticas ambientais urbanas e sustentabilidade, políticas públicas de educação e meio ambiente com ênfase nas questões da participação, cidadania e co-responsabilização. Coordenador do Projeto Alfa sobre Governança da Água (2005-2008) integrado por universidades e centros de pesquisa do Brasil, Chile, Bolívia, França, Inglaterra e Holanda. Email prjacobi@usp.br

mentar políticas ditadas pelo binômio da sustentabilidade e do desenvolvimento num contexto de crescente dificuldade na promoção da inclusão social.

Nesse contexto, as práticas educativas devem apontar para propostas pedagógicas centradas na conscientização, mudança de comportamento e atitudes, que possibilitem o que Edgar Morin denomina de "uma reforma do pensamento".

As coalizões na sociedade civil estão se fortalecendo, explicitando escolhas de temas e questões a serem enfrentadas em nome da busca de objetivos comuns, configurando a inflexão de uma dinâmica reativa para uma dinâmica propositiva, que aproxima as ONGs e movimentos do centro do processo de pressão e gestão.

O contexto no qual se configuram as questões ambientais é marcado pelo conflito de interesses e uma polarização entre visões de mundo e as respostas precisam conter cada vez mais um componente de cooperação e de definição de uma agenda que acelere prioridades para a sustentabilidade como um novo paradigma de desenvolvimento, destacando a dimensão política e educativa das lutas ambientais.

O ambientalismo brasileiro do século XXI tem o desafio de uma participação cada vez mais ativa na governabilidade dos problemas sócio-ambientais e na busca de respostas articuladas e sustentadas em arranjos institucionais inovadores que possibilitem uma "ambientalização dos processos sociais".

Nesse sentido, e este trabalho é um reflexo disso, as redes sociais têm adquirido uma importância crescente e singular, inscrevendo-se numa lógica que demanda articulações e solidariedades e a definição de objetivos comuns. Representam a capacidade de os movimentos sociais e organizações da sociedade civil explicitarem a sua riqueza intersubjetiva, organizacional e política e concretizarem a construção de intersubjetividades planetárias, buscando consensos, tratados e compromissos de atuação coletiva.

APRESENTAÇÃO

Prof. Hubert Alquéres

Em favor da educação ambiental

A Imprensa Oficial do Estado protagoniza mais de um século de atividade ininterrupta para desincumbir-se de uma tarefa muito específica: dar conhecimento aos cidadãos dos atos praticados pela administração estadual. Durante muito tempo, vigorou a certeza de essa publicidade referir-se ao que se decidia dentro das repartições públicas, decisões das quais os cidadãos não participavam, apesar de elas interferirem na sua vida e nos seus interesses imediatos.

Desde as últimas décadas do século passado, esse entendimento vem sendo continuamente alterado. Cada vez mais cidadãos se convencem de que preocupar-se com o estudo das questões do Estado, participando ativamente da busca das melhores soluções para os problemas que se apresentam, deixando de apenas receber passivamente as ordenações e decisões dali emanadas, para se tornarem eles próprios agentes dessa atividade, principalmente no trato de assuntos de ampla envergadura, para os quais o serviço público nem sempre está convenientemente preparado e apetrechado. A maioria dessas pessoas filia-se a Organizações Não-Governamentais que, como o próprio nome indica, ocupam-se de atividades públicas sem estarem diretamente vinculadas à administração estadual.

A Imprensa Oficial não poderia alhear-se à chegada desses novos tempos. Conscientizou-se de sua responsabilidade social, que ultrapassa largamente aquele dever primordial de dar publicidade aos atos emanados do poder público, e passou a envolver-se em empreendimentos diversos nesse novo campo de atuação. Sem dúvida, a criação do selo Imprensa Social foi um dos resultados mais promissores desse envolvimento. Ele prevê o estabelecimento de parcerias com Organizações Não-Governamentais, para a publicação de livros destinados à divulgação das experiências, conhecimentos e recomendações oriundos da atuação dessas entidades.

Este livro é fruto de uma dessas parcerias. Ele trata da organização, desenvolvimento e atividades da Rede Paulista de Educação Ambiental (REPEA) e da orientação para educação ambiental a partir da atuação dos comitês que cuidam das bacias hidrográficas do Estado de São Paulo. São 21 comitês, integrados por representantes do governo estadual, das prefeituras municipais da região e da sociedade civil, membros ou não de entidades governamentais. Sem dúvida, é um campo fértil para desenvolver esse trabalho educacional. Não por acaso, a atividade desses comitês foi objeto de uma das primeiras edições dos Cadernos de Cidadania, série de revistas que antecedeu a criação do selo Imprensa Social, com as quais a Imprensa Oficial tem destacado as boas realizações do serviço público, sempre com a presença de Organizações Não-Governamentais.

APRESENTAÇÃO

Cyntia Helena Ravena Pinheiro

Pela primeira vez a REPEA – Rede Paulista de Educação Ambiental reúne em uma publicação os resultados de sua trajetória desde o início de suas atividades em 1992. Escrita a muitas mãos, tal qual tem sido o tecer desta rede, destina-se a todo educador que reconhece na Educação Ambiental um caminho, uma oportunidade singular de tocar a alma de crianças e jovens que poderão transformar o seu entorno e o seu futuro de forma positiva.

Muitos fizeram e fazem parte dessa história que também faz parte da história da Educação Ambiental no Brasil. Assim, resgatar o caminhar da Educação Ambiental dentro do contexto nacional e mundial se faz importante porque é nesse cenário que as redes de educação dos Estados se desenvolvem, nas adversidades e nas conquistas coletivas de inúmeros educadores, que num trabalho incansável e diário ousam transformar os sonhos em uma nova realidade socioambiental. Mas, para pintar esse novo cenário, é necessário que esses artistas encontrem novas tintas, novas cores, as cores das almas deste planeta, as cores das múltiplas formas de vida. É missão desses educadores ambientais despertar em cada pessoa a vontade da transformação interior necessária à continuidade dessa verdadeira revolução. Essa alquimia silenciosa transmuta atitudes destrutivas e egocêntricas em amorosidade, respeito pela vida. Resgatam-se valores e a ética renasce. Não é mais uma questão de ideologia, mas de sobrevivência.

Resgatar a memória da REPEA é reconhecer o esforço das inúmeras pessoas que têm contribuído para o tecer da malha. O I EEEA – Encontro Estadual de Educação Ambiental, em Santo André, 1999, e o II EEEA e I EPCEAs, em Rio Claro, 2003 - e muitos outros encontros regionais foram momentos de intensa conectividade, máxima expressão e troca.

Os recursos necessários à execução do projeto Fortalecendo a REPEA, obtidos junto ao FNMA, foram resultados do empenho coletivo das redes de EA, contemplados nesta publicação: a ampliação e a capacitação de elos da rede para emancipá-los, descentralizando a gestão da rede, o aprimoramento do site, a coleta de dados para o primeiro diagnóstico da EA no Estado de São Paulo, importantes na elaboração de políticas públicas a serem implementadas nas diferentes regiões do Estado, sempre respeitando a diversidade das suas vocações e fragilidades. A análise desses dados é feita no âmbito do Estado como um todo e das 22 Unidades de Gerenciamento dos Recursos Hídricos – UGRHI e não se esgota nesta publicação. São possíveis diferentes olhares, percepções. Convite estendido ao leitor que, melhor que ninguém, pode complementar esses dados, conhecedor que é da sua realidade local. Seus comentários poderão torná-lo co-autor desta obra e quem sabe autor e organizador das publicações que a seguirão, para preparar o solo e disseminar sementes que com certeza trarão frutos e farão prosperar a Política e o Programa Nacional de Educação Ambiental no âmbito do nosso Estado.

Esta publicação pretende ser um estímulo, uma bússola para todos aqueles que vêem a necessidade de desenvolver ações pertinentes às realidades no âmbito local e regional de forma integrada. Sugere-se desenhar sobre mapas, colorindo as qualidades, o bom e o não tão bom, aspectos sociais, ambientais, econômicos, culturais, tudo que venha a contribuir para uma visão espacial global das informações. Dessa forma pode-se planejar melhor e de forma mais divertida as atividades em EA que se pretende desenvolver. Pode-se também produzir um mapa contemplando as transformações que se desejam no futuro, o que ajuda a plasmar o que se quer efetivar, a tornar claras as metas. Para auxiliar nessa tarefa, organizou-se uma série de mapas de cada uma das UGRHI e do Estado (encarte) que poderão servir como orientação ou ponto de partida.

Que esta seja a primeira de uma série histórica de publicações, que, espera-se, serão escritas por um número cada vez maior de mãos. Que ela traga incentivo àqueles que entendem que mais e mais as ações em EA devem estar sintonizadas ou, como se diz, ligadas, antenadas às necessidades locais. Que a REPEA e demais redes cresçam e dêem conta da imensa tarefa de fortalecer a EA. E que o sol brilhe, aqueça e ilumine aqueles que empreenderem esta jornada.

CONSTRUINDO REDES DE EA NO BRASIL

19 A ALMA DA REDE 21 INTELIGÊNCIA AFLUENTE 25 DESAFIOS DAS REDES 27 CENÁRIO MUNDIAL PARA PENSAR A EDUCAÇÃO AMBIENTAL

TECENDO A REPEA

33 NAS MALHAS DA EA: RESGATANDO A HISTÓRIA DA REDE PAULISTA 36 I EEEA 38 CONSTRUINDO O PROJETO *FORTALECENDO A REPEA* 40 II EEEA & I EPCEAS 43 AVALIAÇÃO DOS RESULTADOS DO PROJETO 51 FALAM OS ELOS DAS REDES

CONHECENDO A EA NO ESTADO DE SÃO PAULO

57APRESENTAÇÃO DO DIAGNÓSTICO DA EA EM SP 74DIFERENTES OLHARES

EA NAS BACIAS DO ESTADO DE SÃO PAULO

81EA NAS BACIAS DO ESTADO DE SP 127BÚSSOLA DA EA

A PALAVRA SEM FIM

131CONSIDERAÇÕES 133APRESENTAÇÃO INSTITUCIONAL 135REFERÊNCIAS BIBLIOGRÁFICAS 136SITES 137ÍNDICE DOS GRÁFICOS, FIGURAS, TABELAS, MAPA E QUADROS141APOIO143CRÉDITOS

CONSTRUINDO REDES DE EA NO BRASIL

A ALMA DA REDE

Larissa Costa

Socióloga e educadora ambiental. É coordenadora de Educação Ambiental do WWF-Brasil, participante da Rede Paulista de Educação Ambiental-REPEA e facilitadora da Rede Brasileira de Educação Ambiental-REBEA e conselheira do Instituto Ecoar para a Cidadania. Contato: larissa@wwf.org.br

Não posso deixar de dizer da minha alegria pela oportunidade de trocar idéias com os leitores desta publicação. A encomenda foi para escrever algo que inspirasse pessoas a participarem das muitas redes existentes ou latentes, ainda por se criar.

Não sei se posso escrever algo realmente inspirador, mas talvez partilhar com vocês algumas reflexões e sentimentos vividos junto às redes das quais participo. Alguns aprendizados e descobertas que mudaram minha maneira de ver e de ser no mundo.

As redes entraram na minha vida quase por acaso. De início, eram tarefas institucionais herdadas de antigos colegas que, assumindo outros trabalhos, deixaram de atuar nas ONGs onde trabalhei. Pouco depois, se tornaram uma grande paixão que me anima e que carrego comigo por onde quer que eu vá. Com a REPEA tive um caso de amor e foi participando dela que senti na pele algo que há muito eu procurava: a alegria do encontro.

Foi por meio da REPEA, movidos pela vontade de conhecer mais da educação ambiental paulista, que muitos de nós encontramos ânimo novo para o trabalho. Foi compartilhando sonhos e idéias que vários projetos se tornaram realidade. Daí vieram amigos, parceiros, conversas até tarde da noite, descobertas, grandes e pequenas, sobre coisas boas e ruins, mas sobretudo uma esperança renovada na possibilidade de fazermos algo coletivo e muito maior que nós.

O diagnóstico da Educação Ambiental do Estado de São Paulo realizado pela REPEA é um pequeno milagre. Menos porque a tarefa parecesse difícil (e era!), mas muito mais pelo compromisso generoso a partir do qual se construiu. Ele é fruto do esforço de muita gente. Certamente, uma grande conquista! Mas, se me permitem dizer, é uma entre muitas outras alcançadas pela REPEA. Talvez a mais visível.

Quero chamar atenção aqui para uma outra dimensão da rede, uma dimensão mais sutil, delicada, porém, tão ou mais poderosa. Uma dimensão invisível como a alma que nos habita. A alma que mora também nas redes.

Para muito além do que se pode ver (reuniões, encontros, projetos, diagnósticos campanhas...), as redes provocam suspiros de felicidade ou de

dor, aconchego e cansaço. São vivas! Assim como as nuvens, sua existência imaterial acontece sem qualquer plano. E é nesta existência diáfana, no aquilo que está no meio, no silêncio entre uma nota e outra, que a mudança acontece e trabalha dia a dia para alargar nossas visões de mundo e sentimentos. Tijolo a tijolo, vai sedimentando uma nova ética e prática do viver. Dar-se conta disso não é algo óbvio.

Hoje usa-se o termo Rede para designar muitas coisas. E, mesmo considerando as inúmeras e legítimas definições e conceitos à disposição para o debate, creio ser válida a busca de um caminho que, em nosso tempo e lugar, se revele o mais transformador, inovador e, por que não dizer, revolucionário?

Afinal, neste momento da história em que o homem parece ter sucumbido a toda a irracionalidade do econômico e do material, o que seria? Onde estaria o ponto de virada para um novo viver?

A esta questão cada um poderá buscar respostas. Acredito que a trilha está no afeto, está na vontade genuína de compartilhar e no desafio de construir um cotidiano mais justo e solidário. Está também na utopia da convivência, nem sempre tranqüila, mas muito mais rica e desafiadora da diversidade de vidas, ambientes, gentes, lugares, idéias e sonhos de futuro.

E o que as redes têm a ver com isso? As redes são um espaço, talvez um dos mais privilegiados, da criação desta nova experiência coletiva, jeitos de ser e agir na realidade.

Sobre as redes podemos pensar, falar, debater e escrever na busca de sua compreensão como fenômeno social e humano. Podemos também senti-las com o coração e mergulhar no canal das trocas solidárias. Podemos, mais ainda, buscar vivê-las na ação.

E agir em rede tem a ver com a vida. É um exercício de aprender a olhar o mundo de forma sistêmica. É perceber as possibilidade de conexões e por simples vontade querer construí-las. É compartilhar e ser inclusivo. É querer o todo muito mais que as partes. É valorizar o coletivo acima da vaidade e do ego. É ser generoso nas pequenas ações. É exercitar respeitar a diversidade e aprender a consentir em favor do grupo. É impor menos a nossa vontade e aceitar mais a do outro. É ter paixão pela vida em todas as suas formas belas e imprecisas.

Assim como rede, alma também quer dizer muitas coisas. Muitos a chamam de princípio da vida. E a alma da rede? Onde estará?

Talvez no movimento, na respiração. Entre o agir e interagir. Em cada pessoa e no todo. Na vontade de ser um com o mundo. Se a alma da rede se mostrasse num gesto, talvez fosse um profundo abraço.

INTELIGÊNCIA AFLUENTE

A assimetria na relação indivíduo/grupo

Rogério da Costa

Filósofo, engenheiro, professor do programa de pós-graduação em Comunicação e Semiótica da PUCSP e coordenador do Laboratório de Inteligência Coletiva da PUCSP - LInC. rogcosta@pucsp.br

Nos últimos 30 anos, alguns estudiosos vêm se dedicando à tarefa de pensar os coletivos, as redes sociais e sua dinâmica própria (M. Granovetter[1], M. Olson[2], B. Wellman, M. Authier[3], K. Arrow[4]). Pesquisas desenvolvidas no cruzamento da economia com a sociologia têm apresentado resultados importantes para a reflexão sobre a ação coletiva. Elas tratam da forma como os indivíduos atuam em grupo e de como suas preferências e interesses pessoais podem não ser determinantes para sua ação na dimensão do coletivo. Sociólogos e economistas clássicos acreditam que o senso comum é um prolongamento natural dos interesses individuais no contexto de grupos. No entanto, como nos lembra Mancur Olson, não é fato que, só porque todos os indivíduos de um determinado grupo ganhariam, se atingissem seu objetivo grupal, eles agirão para atingir esse objetivo, mesmo que todos eles sejam pessoas racionais e centradas nos seus próprios interesses.[5] Isso pode ser verificado, por exemplo, em problemas envolvendo a tomada de decisão. Indivíduos tomam decisões sobre sua participação numa ação coletiva determinados por fatores que não se reduzem a seus próprios interesses e preferências (M. Granovetter[6]). Outro aspecto correlato é o da aderência dos indivíduos às inovações (idéias, comportamentos, regras...), fato que não depende exclusivamente de preferências pessoais, mas requer negociação dentro da dinâmica do coletivo no qual estão inseridos (E. Rogers[7], T. Valente[8], M. Granovetter).

No mesmo sentido, as inteligências individuais parecem não se prolongar naturalmente numa inteligência coletiva. O fato de indivíduos estarem em grupo não significa que haverá entre eles uma tal sinergia de idéias que resultará numa ação conjunta. Essa é a razão de nosso interesse no campo da ação coletiva, pois ela é a expressão genuína de uma inteligência afluente, que chamamos de ação coletiva inteligente. Howard Rheingold narra, em Smart Mobs, como o recente movimento social nas Filipinas, que depôs o presidente Estrada, resultou de uma inteligência afluente. No dia do julgamento do processo de impeachment do presidente, mensagens enviadas pelos celulares conseguiram mobilizar em questão de minutos mais de um milhão de cidadãos diante do Congresso. Esse movimento de confluência de pessoas numa direção física foi acompanhado por um fluxo de inteligência afluente, que se traduziu na percepção pública da força de uma idéia, capaz de mobilizar a tantos de forma consciente. Esse tipo de movimento é bem diferente da ação coletiva de um exército, por exemplo, que tem seus movimentos espaciais determinados pela forma altamente hierarquizada de sua organização. Isso não facilita a circulação de idéias e a conseqüente inteligência coletiva[9]. A inteligência afluente possibilita ao coletivo lidar com o imprevisto, que lhe dá flexibilidade na ação. Mas qual o potencial de inteligência de um determinado grupo, comunidade, nação? É possível mensurar essa disposição para a ação inteligente em conjunto?

Esses são apenas alguns dos aspectos que apontam para uma espécie de assimetria entre a dimensão do indivíduo (com suas preferências, interesses, inteligência) e do coletivo, onde os indivíduos são convocados a agir, decidir, adotar comportamentos não apenas em função de si mesmos, mas também conjuntamente.

[1] Granovetter, M., *Getting a Job: a study of contacts and careers*, Chicago Press, 1995

[2] Mancur Olson, *A Lógica da Ação Coletiva*, Edusp, 1999.

[3] Michel Authier, *Le Pays des Connaissances*, Le Rocher, Paris, 1998.

[4] K. Arrow, *Social Choice and Individual Value*, Yale U. Press, 1970.

[5] Ibid. Introdução.

[6] Mark Granovetter, *Threshold Models of Collective Behavior*, American Journal of Sociology 83, 6 (1978): 1420-1443.

[7] Everett Rogers, *Diffusion of Innovations*, Free Press, 2003 (5.ed)

[8] Thomas Valente, *Network models of the diffusion of innovations*, Hampton Press, 1995

[9] Pode-se dizer que um exército possui ação organizada, mas não ação coletiva (exceção aos grupos de combate e aos movimentos de guerrilha).

Conhecer uma dimensão não necessariamente nos garante compreender a outra. Assim, é preciso mobilizar nossos esforços para entender e atuar em projetos que envolvam redes sociais, que dependem do engajamento efetivo das pessoas.

	inteligência individual		inteligência coletiva
potencial individual	Saúde física (competências) Educação (conhecimentos) Relação familiar e social (valores, intenções)	potencial coletivo	Capital Tecnológico Capital Cultural Capital Social
	fluir ▼		afluir ▼
atualização	Saúde física (competências) Educação (conhecimentos) Relação familiar e social (valores, intenções)	▶	Ação Coletiva Difusão de Inovações Manifestação Pública
	ação individual		ação coletiva inteligência afluente

Tabela 1 - Potencial individual e coletivo

As redes digitais

As redes digitais são hoje um fator-chave para a compreensão da lógica da ação coletiva e de sua evolução. Testemunhos, como os de Howard Rheingold, comprovam que a sinergia entre as pessoas via web, dependendo do projeto, pode ser multiplicada com enorme sucesso. As diversas formas de comunidades virtuais, a estratégia P2P, as comunidades móveis, a explosão dos blogs e wikis, a recente febre do orkut são prova de que o ciberespaço constitui um fator crucial no incremento do capital social e cultural[10].

Junte-se a isso a possibilidade real de se mensurar e cartografar a atividade coletiva por meios digitais, de forma direta com pesquisas on-line, de forma indireta via agentes inteligentes ou ainda de forma concedida via tracking. Atualmente, são várias as análises de redes sociais que se valem da Internet para realizar mapeamentos e pesquisas.[11]

Esses aspectos foram decisivos para a elaboração do projeto da inteligência coletiva proposto por Pierre Lévy e que está inserido na vertente da cartografia baseada em softwares de rede[12]. De forma diferente, Michel Authier propõe uma cartografia dos coletivos inteligentes, baseada na própria dinâmica dos indivíduos, na micropolítica e acompanhada de análises importantes sobre a ação coletiva e a formação de comunidades.[13]

O enorme esforço de construção de uma teoria das redes, empreendido por vários teóricos da atualidade, tem como um dos inspiradores o psicólogo americano Stanley Milgram, que, nos anos 60, propôs uma descrição sobre a rede de conexões interpessoais que ligam os indivíduos numa comunidade. Sua hipótese impulsionou as formulações matemáticas de Duncan Watts e Steven Strogatz sobre a teoria do "mundo pequeno" e a dinâmica coletiva em rede (teoria dos seis graus de distância ou seis passos)[14]. O físico Albert-László Barabási tem se destacado por suas pesquisas sobre o papel que os nós especialistas (hubs) desempenham nas redes e no ciberespaço. Rheingold e Barabási têm se referido com freqüência a uma sociologia de afluência na web, promovida pela forma como os links entre páginas se estabelecem[15]. Mark Buchanan, em seu livro Nexus, estabelece uma série de associações entre os trabalhos de Granovetter e Fukayama e as teses matemáticas de Watts e Strogatz.[16]

[10] Vide Howard Rheingold, *Smart mobs: the next social revolution*, Perseus, 2002. Rogério da Costa, *A Cultura Digital*, Publifolha, 2002.

[11] Pode-se consultar por exemplo, os sites Social Network Analysis e Cyberatlas,

[12] Para maiores informações consulte-se www.collectiveintelligence.info/documents.

[13] Para maiores informações sobre o trabalho de Authier consultar www.trivium.fr.

[14] Stanley Milgram, *The Small-World Problem*, Psychology Today 1 (1967); Duncan Watts and Steven Strogatz, *Collective Dynamics of 'Small-World' Networks*, Nature 393 (1998).

[15] Consultar www.nd.edu/~alb/.

[16] Mark Buchanan, *Nexus: small worlds and the ground-breaking theory of networks*, Norton, 2002.

Os desafios colocados pela assimetria na relação indivíduo/grupo, apesar de persistirem, podem ser tratados segundo novas abordagens e metodologias. Isso inclui, por exemplo, cartografias dinâmicas do capital social e cultural de uma comunidade, o levantamento dos limiares de decisão dos membros de um coletivo, o estímulo à formação de redes de contatos etc. Com a nova cultura do ciberespaço a assimetria indivíduo/grupo ganhou em complexidade, o que requer novas investigações dentro de uma perspectiva científica.

De qualquer modo, os indivíduos devem negociar suas preferências pessoais no momento em que estão em grupo, em sociedade. A grande aposta que fazemos é que será possível desenvolver modelos que nos expliquem de que forma se dá essa negociação e de que maneira interferir em seu jogo.

O jogo das preferências individuais

Kenneth Arrow[17], na década de 50, já tratava do antigo problema da relação entre as preferências individuais e coletivas, hoje retomado com muito mais força devido à explosão das redes de comunicação em todo o mundo. A interconexão generalizada entre as pessoas tem chamado a atenção de muitos teóricos sobre seus efeitos no quadro de decisões individuais na forma como os coletivos se comportam quando se constituem como redes de alta densidade. Decisões individuais e coletivas parecem estar chamando a atenção não apenas dos interessados de sempre – os que trabalham com marketing – mas também dos estudiosos de redes sociais, sociólogos, etnógrafos virtuais, ciberteóricos, especialistas em gestão do conhecimento e da informação, enfim, todos aqueles que pressentem que há algo de novo a ser investigado, que a interação coletiva pode ser compreendida dentro de uma certa lógica e padrões.[18]

Temas, como inteligência emergente (Steven Johnson), coletivos inteligentes (Howard Rheingold), cérebro global (Francis Heylighen), sociedade da mente (Marvin Minsk), inteligência conectiva (Derrick de Kerckhove), redes inteligentes (Albert Barabási), inteligência coletiva (Pierre Lévy) são

[17] K. Arrow, *Social Choice and Individual Value*, Yale U. Press, 1970.

[18] O que já era anunciado nos anos 80 pelos analistas estruturais de redes sociais. Vide ref. Barry Wellman.

cada vez mais recorrentes. Todos eles apontam para uma mesma situação: estamos em rede, interconectados com um número cada vez maior de pontos e com uma freqüência que só faz crescer. Podemos hoje compreender muito melhor a atividade de uma coletividade, a forma como comportamentos e idéias se propagam, o modo como notícias circulam de um ponto a outro do planeta etc.

Todo grupo, comunidade, sociedade é fruto de uma árdua e constante negociação entre preferências individuais. O fato de estarmos cada vez mais interconectados uns aos outros implica que tenhamos, de algum modo, que confrontar nossas preferências com aquelas de outras pessoas. E não podemos esquecer que tal negociação não é nem simples tampouco fácil. Essa discussão não deixa de envolver outros aspectos que hoje mobilizam os teóricos do ciberespaço, como, por exemplo, captação da atenção dos usuários em rede, a técnica de sugestões dos agentes inteligentes ou das comunidades virtuais, o problema da decisão ou da escolha e os riscos que isso muitas vezes implica. Todos esses aspectos parecem ter como pano de fundo a negociação das preferências individuais e sua posição no coletivo. Via de regra, as preferências ditas "individuais" são na verdade fruto de uma autêntica construção coletiva, num jogo constante de sugestões e induções que constitui a própria dinâmica da sociedade.

Para refletir sobre esse jogo de preferências e suas implicações, na adoção de uma inovação, na troca de conhecimentos ou simplesmente no confronto de opiniões, consideramos cruciais dois pontos: a avaliação ou leitura do capital social de uma comunidade ou grupo (que é a forma como cada indivíduo reconhece no outro algo que lhe é familiar) e os limiares de difusão de inovações (que é a forma como os indivíduos reconhecem nos outros suas diferenças).

DESAFIOS DAS REDES

Vivianne Amaral

Jornalista, educadora do Centro Ecoar de Educação para a Sustentabilidade (CEDES ECOAR) e facilitadora da Rede Brasileira de Educação Ambiental. Foi secretária da Rede no período de 1999 a 2004. Atua como consultora e facilitadora em processos de animação e criação de redes. Contato: bioconex@uol.com.br

Redes sociais são redes de comunicação que envolvem a linguagem simbólica, os limites culturais e as relações de poder.[1]

Vivenciamos, na última década, a emergência do padrão organizacional em rede em diversos campos da atividade humana: economia, pesquisa científica, nas organizações e movimentos sociais. De tal forma essa "onda" vem crescendo que podemos falar de um modismo que coloca a organização em padrão de rede como a melhor opção para (qualquer) atuação. A esta proposição de padrão corresponde uma mistificação sobre sua capacidade emancipatória intrínseca e a idealização de suas qualidades democráticas, como se a emancipação e a democracia acontecessem por si e não fossem geradas num processo de mudança cultural dos grupos envolvidos.

No Brasil, os educadores ambientais têm sido protagonistas de bem sucedidas articulações em rede: atualmente são praticamente 20 redes de educação ambiental em atividade, incluindo nessa conta as que não estão oficialmente integradas na grande teia de comunicação que constitui a Rede Brasileira de Educação Ambiental, REBEA[2].

Os pesquisadores e educadores ambientais que atuavam de forma dispersa e isolada constituem atualmente, por conta da atuação em redes, uma comunidade articulada que desenvolve ações coordenadas no âmbito nacional. Pela atuação em rede, atualizam, na escala local, proposições e ações definidas nacional e internacionalmente, colocando em prática aquele slogan bem manjado, mas de difícil execução: "pensar e agir globalocalmente".

No entanto, existem condicionantes para o sucesso do trabalho em rede, tais como o bom entendimento do que é a rede como padrão organizacional, suas características e o conhecimento do contexto e/ou processo onde se pretende acionar a rede. Preocupadas com essas questões, a REBEA e REPEA, na execução dos projetos financiados pelo Edital 007/2001 do Fundo Nacional do Meio Ambiente, definiram uma estratégia conjunta para a formação de facilitadores e elos: as oficinas de formação[3].

As oficinas desenvolvidas procuraram esclarecer os desafios culturais inerentes ao processo de atuação e gestão das redes, de forma que a expansão do uso do padrão de rede na comunidade dos educadores ambientais fosse acompanhada do conhecimento de aspectos conceituais essenciais para a horizontalização dos processos. A REPEA investiu no desenvolvimento de habilidades de seus elos para o uso de ferramentas de comunicação na internet, com grande influência no processo de expansão qualitativa e na democracia interna da rede. A publicação do livro *Redes: dinâmicas da conectividade e da auto-organização*, em parceria com o WWF Brasil, acontece nesse quadro de preocupações com a qualidade dos processos de organização em rede na comunidade de educadores ambientais.

[1] CAPRA, Fritjof. *Conexões Ocultas*. São Paulo: Cultrix, 2003

[2] Na Rebea são 17 redes. Ver no site em redes de EA – www.rebea.org.br

[3] Em São Paulo foram realizadas duas oficinas conjuntas, em parceria com a Rits e a experiência foi desdobrada em inúmeras oficinas e palestras da REBEA em outros Estados, em parceria com redes locais (REACRE, REASUL, REASE, RECEA, REABA entre outras) e pela REPEA em São Paulo.

Mudanças inovadoras, desafios culturais

No contexto de desafios que caracterizam a emergência das redes, identificamos a cultura vertical e autoritária internalizada, que reproduzimos, apesar de nossas intenções democratizantes. O "fazer em rede" explicita essa cultura interior (e anterior) a partir da dificuldade em vivenciar valores que são diretrizes para uma ação política que se pretende não subordinada nem subordinante. Inúmeros conflitos íntimos, interpessoais e interinstituicionais no processo de gestão e na vida das redes resultam, muitas vezes, no que Mauro Guimarães[4] identifica como uma armadilha paradigmática – atuar num novo paradigma com os conteúdos e valores do antigo paradigma.

[4] Notas pessoais da autora em palestra proferida por Mauro Guimarães no Pré—Fórum Regional de Educação Ambiental da região dos Lagos e Bacia do Rio São João – RJ, agosto de 2004

Destaco os desafios mais comuns:

1 **abordagem sistêmica** - a fim de entender o que nos propomos fazer.

2 **descentralização das iniciativas** – abalar a cultura de obediência, subordinação e comodismo que caracteriza nossas relações usuais.

3 **coordenação democrática** – como operar em conjunto sem subordinação.

4 **tensão permanente entre cooperação e competição** - estamos emocional e intelectualmente estruturados em torno de valores competitivos e individualistas.

5 **comunicação criativa** – romper o hábito de audiência passiva, mero receptor de mensagens, possibilitar o fluxo livre e contestador de idéias, conhecer e explorar as dimensões libertárias das tecnologias de comunicação – incluindo desde o torpedo (celular), sites, reuniões presenciais, listas de discussão, programas de comunicação com MSN, rádios e tvs comunitárias, até o tradicional boletim impresso.

PENSAMENTO		VALORES	
Auto-afirmativo	Integrativo	Auto-afirmativo	Integrativo
racional	intuitivo	expansão	conservação
analítico	sintético	competição	cooperação
reducionista	sistêmico	quantidade	qualidade
linear	não-linear	dominação	parceria

Tabela 2 - Mudança de ênfase da ação auto-afimativa para a integradora

CENÁRIO MUNDIAL PARA PENSAR A EDUCAÇÃO AMBIENTAL

João Luiz Pegoraro e
Marcos Sorrentino

Ambientalista desde os anos 1970, é formado em Ciências Biológicas e possui pós-graduação em áreas que interseccionam temáticas relacionadas com ambiente, educação e sociedade. Email: jlpegoraro@uol.com.br

Ativista do movimento ambientalista desde o início dos anos 70; pedagogo e biólogo; mestre e doutor em educação e pós-doutorado em Psicologia Social. Professor da ESALQ/USP no Depto. de Ciências Florestais, licenciado para assumir a Diretoria de Educação Ambiental do Ministério do Meio Ambiente, desde 2002. Email: marcos.sorrentino@mma.gov.br

Na busca da origem histórica da Educação Ambiental são sempre lembradas as influências e as marcas legadas por correntes de pensamento e ações de cunho conservacionista, desde as mais antigas campanhas voltadas para a proteção da natureza. Entretanto, ao longo do processo de construção da Educação Ambiental, há que se destacar influências de outras linhas de ações voltadas para a promoção da vida em todas as suas dimensões, as quais vêm acompanhando a emergência e a evolução do debate em torno das questões sócio-ambientais.

Quando a industrialização se intensificou na Europa, especialmente a partir do século 19, problemas com ambientes insalubres, com a poluição do ar, com a contaminação das águas e com o acúmulo de lixo nos aglomerados urbanos se tornaram mais evidentes.

Já nos primeiros anos e décadas do século 20, alguns episódios assumiram conotação de calamidades públicas, como o que ocorreu na Bélgica, em 1930, quando a concentração de poluentes no ar ocasionou males respiratórios em milhares de pessoas e provocou a morte de pelo menos 60 delas. Episódio dos mais conhecidos desse gênero de calamidade foi o que ocorreu durante uma inversão térmica que, em 1952, manteve sobre Londres uma nuvem de poluentes responsável pela morte de aproximadamente quatro mil pessoas. Acontecimentos semelhantes passaram a gerar níveis de desconfiança quanto aos rumos da intensa industrialização que vinha sendo apontada como processo irreversível.

A repercussão desse progresso para a qualidade de vida da maioria da população acabou alvo de suspeição ainda maior diante da rotina do trabalhador das fábricas, sujeito, ao longo dos melhores anos de sua vida, à realização de tarefas mecânicas, enfadonhas e extremamente desestimulantes.

Interpretações marxistas da estrutura econômico-social trouxeram "luz" para aqueles que se indignavam e buscavam compreender os mecanismos envolvidos no acirramento do quadro de concentração de renda, da exploração dos trabalhadores e da baixa qualidade de vida. E os ideais socialistas decorrentes das leituras críticas sobre as relações socioeconômicas marcaram definitivamente a história mundial, impregnando a atuação de movimentos revolucionários, de estruturas sindicais, de partidos políticos e, posteriormente, de muitas organizações ambientalistas.

Mesmo conservacionistas acabavam atraídos por princípios socialistas ao concluírem que, dada a ausência de propriedades privadas, seria mais fácil delimitar grandes áreas protegidas, bem como, dada a ausência das limitações impostas por pressões dos interesses de lucratividade, o uso e a ocupação dos espaços poderiam ser concebidos a partir de uma ótica mais ecológica.

O ideário de uma sociedade solidária, nos moldes socialistas, em contraposição à de outra que aposta na competição, nos moldes capitalistas, ainda se faz presente em setores do ambientalismo do século 21 e, por conseguinte, influenciando as concepções e práticas de Educação Ambiental.

Com a eclosão da Segunda Guerra Mundial, as incertezas quanto ao futuro da sociedade urbano-industrial e ao direcionamento dos avanços tecnológicos cresceram. Pouco mais de duas décadas do final da Primeira Guerra Mundial, que dizimou mais de 10 milhões de pessoas, já se iniciava outra que mataria mais de 40 milhões. Além de enterrar os "montes" de mortos, os europeus conviveram, por anos, com o revolvimento de escombros nos quais "pedaços" (reais e metafóricos) de pessoas iam sendo encontrados. Soldados de diferentes locais do mundo, inclusive jovens brasileiros, tiveram que continuar suas vidas fisicamente mutilados ou mentalmente afetados, estendendo os efeitos da guerra por décadas afora.

A Segunda Guerra trouxe, ainda, um fato assustador no rol da tecnologia da guerra e dos armamentos: o emprego das primeiras bombas nucleares lançadas, uma sobre Hiroshima, em 6 de agosto de 1945, e outra, três dias depois, sobre Nagasaki.

Isso tudo traumatizou parcelas consideráveis da geração do pós-guerra, as quais passaram a incluir em suas vidas o pensar em um mundo menos bélico. O pacifismo ativo logo tornou-se objeto de interesse, especialmente a partir da repercussão da resistência indiana à colonização britânica e sua independência em 1947. Assim, o pacifismo, materializado na desobediência civil, na não-violência ativa, acabou sendo uma marca de movimentos contraculturais e, posteriormente, do ambientalismo emergente na década de 1970. As ações de ativistas que subiam ou se atavam a árvores urbanas para evitar que fossem cortadas e aproveitar o episódio para provocar reflexão sobre uma problemática ainda não absorvida pela sociedade brasileira servem de exemplo do emprego dessa estratégia de luta pelos ambientalistas.

Descontentes com visão teocêntrica judaico-cristã materializada em práticas religiosas que não se mostravam capazes de influir decisivamente na constituição de um mundo solidário, contestadores do Ocidente passaram a buscar novas orientações espiritualistas. As filosofias orientais eram vistas como mais favoráveis à busca do autoconhecimento e de modos de vida cujos valores incluíam de forma mais plena os demais elementos não-humanos do ambiente. Místicas de povos indígenas brasileiros e de populações tradicionais também foram adaptadas e vivenciadas por ambientalistas que buscavam novas orientações espiritualistas.

Enquanto em parcelas da geração do pós-guerra cresciam inquietações, em outras crescia a euforia pelo desenvolvimentismo cuja base econômica se substanciava no consumismo. Conseqüentemente à materialização desse conceito de desenvolvimento, seguia a ampla transformação dos ambientes naturais, a crescente industrialização, a intensa urbanização e a agricultura marcada pela generalizada aplicação de agrotóxicos e pelas monoculturas. Sob esse modelo, os elementos do mundo natural passam a figurar como recursos naturais e sua exploração voltada para a maximização do lucro e a eficientização do modelo industrial.

Os EUA passam a promover ampla política internacional, considerando os países de orientação socialista como inimigos a serem combatidos. A polarização conflituosa decorrente estabelece intensa corrida armamentista que drena muito mais recursos para a indústria da morte do que para tecnologias e políticas de promoção da vida. Em decorrência, crescem os movimentos contrários a essa política belicosa e aos valores que determinavam o perfil do cidadão ideal integrante da sociedade urbano-industrial consumista que ia sendo construída. Nos anos 1950, os beatniks, movimento formado por jovens, poetas e intelectuais, constituíram os primórdios do movimento americano de contracultura que, nos anos 1960 e 70, evoluiu e se tornou mais conhecido pela vertente dos hippies.

No Brasil, os hippies assumiam estereótipo de artesãos que não se envolviam em políticas associadas com a luta pelo poder de Estado. Como não provocavam diretamente o governo autoritário, não eram alvos de perseguições. Já nos EUA, em pleno curso da guerra do Vietnam, afrontavam de forma explícita o governo e sua política bélica. Milhares de jovens saíam às ruas e se negavam a cumprir o serviço militar, preocupando e afrontando as hierarquias militares.

De forma geral, os movimentos de contracultura traziam um inconformismo existencial, questionando o princípio de que o bem-estar e a auto-realização humana passam, necessariamente, por uma formação acadêmica de qualidade, pela construção de um patrimônio financeiro e pela constituição de uma família bem estruturada, de preferência religiosa e seguidora dos bons costumes.

Muitos se juntam em núcleos de convivências coletivas, geralmente rurais, conhecidos no Brasil como comunidades alternativas ou rurais. Visavam organizar estruturas tribais centradas na convivência solidária, que permitissem o contato mais direto com outros elementos do meio natural, que propiciassem maior tempo para tarefas agradáveis e para vivências espiritualistas voltadas ao autoconhecimento. A constituição dessas comunidades soava como uma ruptura com os padrões tradicionais de uma sociedade familiar cujos membros eram tragados por uma faina cotidiana associada a um competetivismo exacerbado e a um consumismo alucinado. Dessa forma, esses núcleos representavam experiências concretas que de alguma forma poderiam encontrar níveis de expansão, constituindo-se, portanto, em uma ação de ordem revolucionária, pensavam eles.

Entretanto, recebiam críticas por se alienarem das lutas para o restabelecimento dos direitos civis e democráticos em um país marcado pela ditadura militar. De forma geral, do final da década de 1960 ao início dos anos 80, organizações sindicais, movimentos populares, centros estudantis, políticos de esquerda e setores eclesiais mantiveram suas atuações e seus discursos centrados em torno da volta aos direitos civis e políticos, considerada passo necessário aos avanços sociais e à redução da pobreza. Movimentos populares e núcleos eclesiais católicos empregavam, com eficiência, aspectos da chamada pedagogia da reflexão-ação, a qual veio a ser também empregada por núcleos de ambientalistas, sendo hoje aplicada em várias linhas de programas de Educação Ambiental.

Quando, a partir dos anos 1970, as questões ambientais ganham destaque nos debates mundiais e passam a integrar as agendas dos diferentes setores sociais organizados, multiplicam-se núcleos de atuação direta, as organizações não governamentais ambientalistas. Reunindo integrantes oriundos de diversos movimentos de contestação, de diferentes linhas e tendências político-filosóficas, tais grupos assumiam o caráter de frentes heterogêneas e participar deles representava um exercício de tolerância e respeito à diversidade.

E essa diversidade acabava se tornando mais representativa nos debates e embates, que reuniam ambientalistas de diferentes tendências e técnicos, pesquisadores, naturalistas, estudantes, educadores, integrantes de governos, políticos, ativistas de movimentos sociais, bem como setores voltados para os negócios e a lucratividade. Diante dessa multiplicidade de pensamentos e de interesses, apenas pontos específicos se destacavam (e se destacam) como consensuais ou ao menos comungados pela maioria. A necessidade de incluir uma dimensão educativa nos encaminhamentos para a superação da crise ambiental é um desses pontos.

Buscar a origem da Educação Ambiental (ou das educações ambientais), que hoje está sendo construída e, ao mesmo tempo, aplicada, passa por considerar esse cenário de heterogeneidade, esse caldo fértil de pensamentos e de idéias, fruto das mais diversas histórias de vida e de leituras de mundo.

TECENDO A REPEA

NAS MALHAS DA EA: RESGATANDO A HISTÓRIA DA REDE PAULISTA[1]

Luiz Afonso Vaz de Figueiredo

Licenciado em Química, mestre em Educação (UNICAMP), doutorando em Geografia (USP). Prof. de Ciências Ambientais, coordenador do curso de Especialização em Educação Ambiental (1992-2001) e responsável técnico da Universidade Aberta de Meio Ambiente (UNIAMA) do Centro Universitário Fundação Santo André. Membro fundador e participante dos grupos gestores da REPEA, REBEA, RUPEA e Núcleo Regional de Educação Ambiental do Grande ABC. Email: lafonso@fsa.br

Para lançar uma rede ao mar de idéias da produção coletiva é preciso estimular a aproximação de seus diversos agentes sociais. Em São Paulo, o processo de articulação dos agentes de educação ambiental teve seu fortalecimento a partir da estruturação dos eventos de Educação Ambiental (simpósios, fóruns, encontros, workshops, entre outros) que propiciaram importantes momentos de reflexão e cumpriram a função de discutir os problemas e conflitos socioambientais, formar agentes multiplicadores, disseminar conteúdos e divulgar metodologias inovadoras na área ambiental. (FIGUEIREDO et al., 1997)

Os encontros foram organizados, no início dos anos 80, por órgãos públicos, veiculando e destacando principalmente a visão do próprio governo estadual. Em virtude disso, um grupo de educadores ambientais iniciou, em 1985, uma discussão sobre alternativas ao processo de preparação dos eventos a fim de possibilitar a construção de um espaço mais democrático, que propiciasse maior participação dos vários segmentos sociais que produzem a Educação Ambiental no Estado de São Paulo e no País.

Assim, surgiram os Simpósios de Educação Ambiental, em 1986, organizados por uma comissão interinstitucional e de periodicidade bianual, sendo esse o embrião para a proliferação de novos eventos, além de espaço para o aperfeiçoamento de recursos humanos e troca de experiências. Em 1990, os simpósios ganharam dimensão interestadual.

Variados eventos foram sendo realizados, com maior freqüência e regularidade. Em 1989, ocorre o I Fórum de Educação Ambiental, que teve um papel articulador de grande potencial, trazendo um público expressivo, principalmente de professores da rede pública, de diversas áreas de formação e atuação profissional, estando atualmente em sua 5ª edição. Cabe lembrar que a maioria dos organizadores dos Simpósios e dos Fóruns não eram os mesmos e muitos nem conheciam os eventos anteriores. A partir de sua 2ª edição, em 1992, o Fórum de Educação Ambiental, adquire caráter nacional e inicia o processo de fortalecimento das redes de educação ambiental e a ampliação do número e abrangência dos eventos. (FIGUEIREDO et al., 1997)

O levantamento das entidades promotoras dos eventos mostrou que a participação mais expressiva é das universidades, destacando-se a USP. Em seguida, aparecem os órgãos públicos, as prefeituras municipais e as ONGs. Poucos eventos produziram algum tipo de documento, como anais ou cadernos de resumos. (FIGUEIREDO et al., 1997)

Representantes de diversos segmentos sociais foram envolvidos, surgindo a necessidade de uma instância de discussão permanente, para troca de informações, relatos de experiências, ações de formação ambiental, difusão de conhecimentos, entre outros aspectos. Em abril de 1991, cria-se o embrião de uma associação de educadores ambientais, transformada posteriormente em Rede de Educadores Ambientais do Estado de São Paulo, tendo como articuladores os principais pesquisadores do Instituto Florestal de São Paulo, destacando Marlene Tabanes e representantes de diversas entidades sobressaindo Marcos Sorrentino. Foram realizadas várias reuniões para a elaboração do estatuto e o plano de ações da Rede. Assim, seguindo os passos da recém-criada Rede Brasileira de Educação Ambiental, estruturou-se em São Paulo, em dezembro de 1992, no Parque Zoológico Municipal Quinzinho de Barros (Sorocaba-SP), a Rede de Educação Ambiental do Estado de São Paulo, integrada por diversos agentes

[1] Baseado em trabalho apresentado durante o IV Fórum Brasileiro de Educação Ambiental, realizado em Guarapari ES, ago. 1997, organizado pela REBEA e comissão interinstitucional. (MARCONDES, FIGUEIREDO e BROSSO, 1997). Outras referências foram utilizadas para compor o presente texto, entre elas: FIGUEIREDO (1996); BROSSO, FIGUEIREDO e MARCONDES (1997) e (FIGUEIREDO et al., 1997).

educativos que buscavam fins comuns.

O plano possuía um enfoque horizontal, e um Conselho Administrativo constituído por 9 integrantes, em contato permanente com pessoas de fora do Estado de São Paulo:

- Angélica Maria Kazue Uejima (NUEB - Núcleo de Estudos de Biologia/ UEL - Universidade Estadual de Londrina - Paraná);
- Beatriz Nascimento Gomes Vasaki (IF/P.E. Carlos Botelho/SP);
- Davis Gruber Sansolo (SME - Secretaria Municipal de Educação/SP);
- Fayez Tfauni (Unicid - Universidade Cidade/SP);
- Gisele Monique de Alcântara Pereira (USF - Universidade São Francisco/SP);
- Luiz Afonso Vaz de Figueiredo (Fundação Santo André/SP);
- Maria Cornélia Mergulhão (Néli) (Parque Zoológico Municipal Quinzinho de Barros) Sorocaba/SP;
- Maria Lúcia Leonardi Libâneo (SME - Secretaria Municipal de Educação/ SP);
- Teonila Maria Ribeiro Puglia (Parque Natural Chico Mendes - Sorocaba/ SP);

O grupo estruturou, em 1993, um cadastro denominado *Quem é Quem na Educação Ambiental*, organizado pela Base de Dados Tropical (BDT) da Fundação André Tosello em Campinas/SP, que chegou a ter mais de 70 cadastros de educadores ambientais, além de realizar diversas atividades e encontros periódicos para troca de experiências. Entretanto, a REDE entra em um estado de hibernação, devido ao emaranhado de discussões sobre a sua formalização, estatutos, diretoria, etc. Poucos representantes do Conselho Administrativo conseguiram manter a idéia e o processo de estar em rede.

No mesmo período, eram criados os primeiros cursos de especialização em Educação Ambiental de São Paulo: em 1992, da Fundação Santo André e, em 1994, da Faculdade de Saúde Pública (USP), tendo no corpo docente atuantes educadores ambientais.

Nesse contexto, passamos a vislumbrar a rearticulação da rede via agrupamentos regionais por todo o Estado. Um dos pontos de partida era aproveitar a experiência adquirida nos Encontros Regionais de Educação Ambiental (EREA's) organizados, a partir de 1994, por Núcleos de Educação Ambiental da Grande São Paulo, Baixada Santista e Litoral. (MARCONDES, FIGUEIREDO e BROSSO, 1997).

A criação de redes regionais de agentes de educação ambiental, a partir de 1996, seria o embrião para a retomada da Rede Estadual, entre elas: a Rede de Educação Ambiental de São Carlos, a Rede de Educação Ambiental do Grande ABC, transformada em março de 1998 em Núcleo Regional de Educação Ambiental do Grande ABC, e a Rede de Educação Ambiental do Vale do Ribeira, entre outras. (FIGUEIREDO, 1996; BROSSO, FIGUEIREDO e MARCONDES, 1997)

Várias ações foram implementadas, entre elas: o informativo Inter-Ação, elaborado pelos alunos de Pós-Graduação em Educação Ambiental da Fundação Santo André, com apenas 2 números; o Disque-Verde em parceria com a OAB-São Paulo, reunião para discussão do Programa Nacional de Educação Ambiental (PRONEA) e o pré-fórum de Educação Ambiental, ambos em 1997.

O fortalecimento das redes e a troca de informações entre os agentes multiplicadores de Educação Ambiental que atuam no Estado de São Paulo levaram um grupo de educadores ambientais a retomarem as discussões sobre uma rede de educação ambiental em

São Paulo. Assim, em 1998, iniciam-se as discussões para a organização do I Encontro Estadual de Educação Ambiental, realizado, em 1999, na cidade de Santo André, o que leva à retomada da Rede, já com a denominação Rede Paulista de Educação Ambiental (REPEA).

Momentos de altas produções e organização se alternam com períodos de marasmo e distanciamentos, o que é natural nos contextos de redes, constituindo, no entanto, um passo decisivo para unirmos esforços em prol das articulações regionais e consolidação de uma teia de interações em nível estadual, visando à disseminação dos princípios da educação ambiental e à formação permanente de agentes educativos.

REFERÊNCIAS

1. BROSSO, Maria Cecília Bianconi; FIGUEIREDO, Luiz Afonso Vaz de; MARCONDES, Marta Ângela. *Caindo nas malhas da rede: a educação ambiental em articulação na região do Grande ABC-SP*. REUNIÃO ANUAL DA SOCIEDADE BRASILEIRA PARA O PROGRESSO DA CIÊNCIA, 49, 1997, Belo Horizonte. Anais... Belo Horizonte-MG: UFMG/SBPC, jul. 1997.

2. FIGUEIREDO, Luiz Afonso Vaz de. *Com vivências em educação e meio ambiente: um rio de possibilidades no Ribeira*. FÓRUM REGIONAL DE EDUCAÇÃO AMBIENTAL DO VALE DO RIBEIRA, 1, 1996, Registro. Anais... Registro-SP: SMA-SP/SE/DE-Registro/DE-Miracatu/ IBAMA, 1996.

3. FIGUEIREDO, Luiz Afonso Vaz de; MARCONDES, Marta Angela; MONTAGNERO-DIAS, Ana Maria; FERRIANI, Áurea Portes; RODRIGUES, Hermínia dos Santos; BARBOSA, Vera Lúcia Dantas. *Encontros e desencontros da educação e meio ambiente: a trajetoria dos eventos de educação ambiental no estado de São Paulo*. CONFERÊNCIA NACIONAL DE EDUCAÇÃO AMBIENTAL, 1, 1997, Brasília. Anais... Brasília-DF: Ministério do Meio Ambiente, dos Recursos Hídricos e Amazônia Legal (MMA), out. 1997.

4. MARCONDES, Marta Angela; FIGUEIREDO, Luiz Afonso Vaz de; BROSSO, Maria Cecília Bianconi. *Estamos em rede (?!): reflexões e caminhos das redes e conexões de educação ambiental no estado de São Paulo*. FÓRUM BRASILEIRO DE EDUCAÇÃO AMBIENTAL, IV. Anais... Guarapari-ES: Governo do Estado do Espírito Santo / UFES/ Rede Brasileira de Educação Ambiental / ABES, ago. 1997.

Ações do Movimento Ambientalista

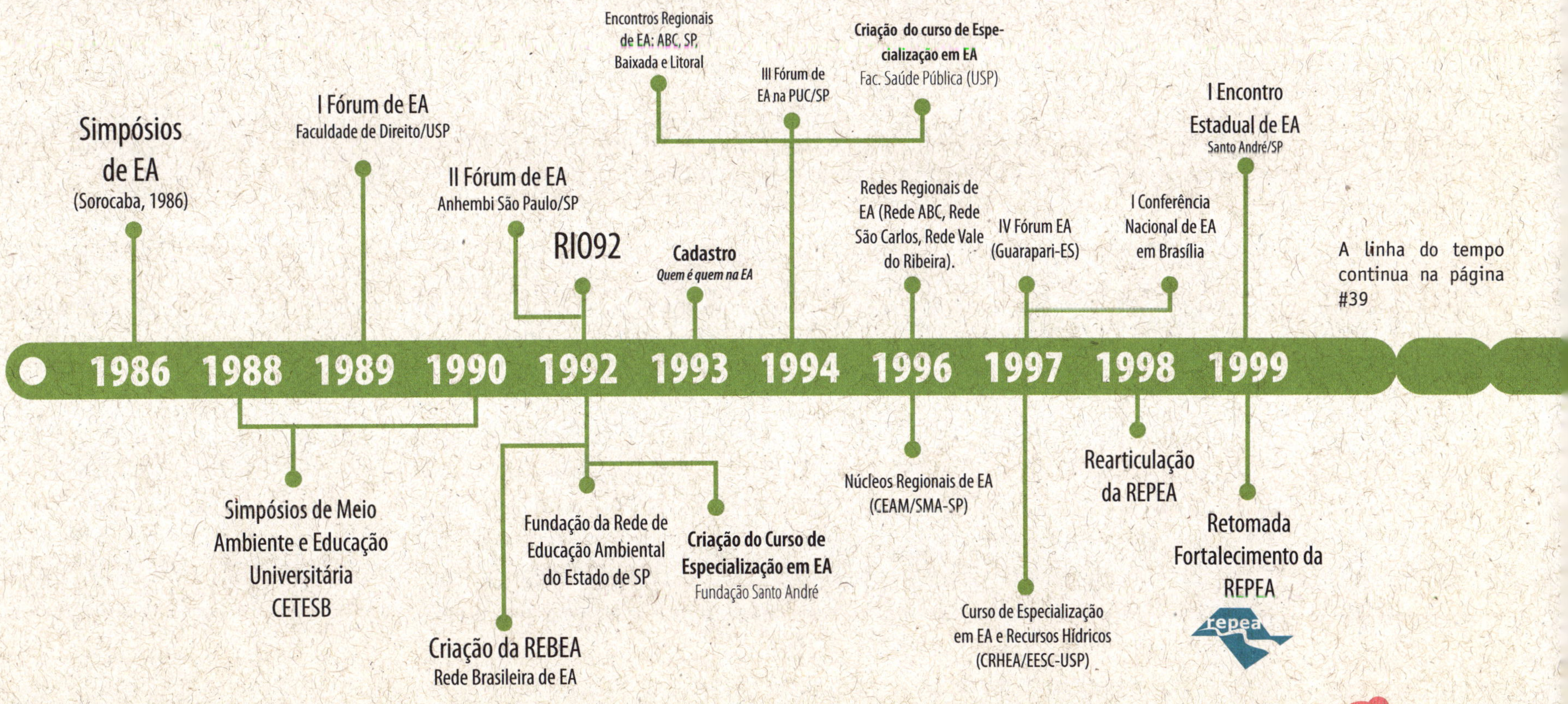

A linha do tempo continua na página #39

Gráfico 1 - Linha do tempo

I ENCONTRO ESTADUAL DE EA

Gabriela Priolli

Bióloga e mestra em Ciências Florestais. Ocupou o cargo de Diretora do Departamento de Gestão Ambiental SEMASA - Serviço Municipal de Saneamento Ambiental de Santo André até 2004. Atualmente coordena o Centro ECOAR de educação para sociedades sustentáveis E-mail: gabriela@ecoar.org.br

Primeiros passos para a REPEA

O I Encontro Estadual de Educação Ambiental de São Paulo – EEEA/SP - foi organizado pela Prefeitura Municipal de Santo André, em novembro de 1999. Após tantos anos, para não me fiar somente em vagas recordações ou impressões pessoais para ser fiel aos acontecimentos, foi necessário um trabalho arqueológico, que exigiu localizar e revirar caixas de papéis, textos, memórias de reuniões, anotações e muitos arquivos de computador. Por fim, a busca se tornou uma tarefa prazerosa. À medida que remexia no material, relembrava o evento, as atividades que o precederam e o trabalho de uma série de entidades que compuseram, junto com a Prefeitura de Santo André, a equipe de coordenação do encontro.

A primeira parte da história deste encontro remete às reuniões d@s educador@s ambientais de São Paulo, pós-IV Fórum de Educação Ambiental, em 1997, e à recorrente necessidade de realizar um encontro estadual, com o mote de reestruturar a Rede Paulista de Educação Ambiental, a qual passava por uma fase de arrefecimento. Oscilávamos entre momentos de compartilhamento do ideal de consolidarmos a rede paulista e outros de desânimo, quando não conseguíamos colocar em prática nosso desejo.

No início de 1999, a Prefeitura de Santo André, pelo SEMASA – Serviço Municipal de Saneamento Ambiental, propôs sediar o I EEEA , aproveitando a oportunidade para comemorar os 30 anos do SEMASA e o primeiro ano da Política de Gestão e Saneamento Ambiental.

A organização adotou a mesma linha de condução dos fóruns anteriores, definida em conjunto com entidades interessadas em colaborar. Assim, constituímos, junto com o Semasa, uma comissão organizadora, composta pelo Instituto ECOAR para a Cidadania, 5 Elementos, GAIA/Campinas, CEAG/Guarulhos, Universidade de São Paulo- CECAE/USP e Laboratório de Educação Ambiental ESALQ/USP, Fundação Santo André, Consórcio Intermunicipal do Grande ABC, Núcleo Regional de Educação Ambiental do Grande ABC, Prefeitura Municipal de Bertioga, Sociedade Paulista de Zoológicos, Secretaria Municipal do Verde e do Meio Ambiente de São Paulo e Instituto Brasileiro de Meio Ambiente e Recursos Naturais Renováveis/IBAMA.

A união e o empenho das pessoas e entidades organizadoras promove-

ram as oficinas e mesas de debate que mobilizaram mais de 600 pessoas interagindo e trocando informações em todos os momentos e espaços que esses encontros propiciam.

Destaco a mesa de debate e os grupos de trabalho que possibilitaram alcançar o objetivo principal do encontro, que era viabilizar a Rede Estadual de Educação Ambiental com vistas a sua articulação com a Rede Brasileira.

Após apresentação da Rede Brasileira de Educação Ambiental e sua articulação com as redes estaduais e locais, trouxemos para o debate na plenária uma proposta para a articulação da Rede Paulista, ressaltando a necessidade de comunicação, mobilização, troca de idéias e construção de saberes entre os presentes e outros que viessem a participar. Foram apontados os objetivos, as metas, os cenários da educação ambiental e as estratégias, baseadas em outras experiências de redes e desenhadas pelo grupo organizador, nas várias reuniões que antecederam o encontro. Assim, ampliamos a discussão da criação da rede, o que resultou em um plano aprovado e a ser divulgado e colocado em prática por todos. Tal plano subsidiou o projeto de fortalecimento da rede.

CONSTRUINDO O PROJETO *FORTALECENDO A REPEA*

Mônica Pilz Borba

Pedagoga pela PUC-SP, com especialização em Educação Ambiental pela FSP/USP. É fundadora e diretora do 5 Elementos desde 1993. Coordenou a Secretaria Executiva da REPEA - Rede Paulista de Educação Ambiental e o II Encontro Estadual de Educação Ambiental entre 2002 e 2004. Delegada pelas entidades ambientalistas do Estado de São Paulo, para participar da CNMA – Conferência Nacional de Meio Ambiente em 2003. Email: monicaborba @repea.org.br

Em 1997, ocorreram dois grandes eventos na área de Educação Ambiental no Brasil: a I Conferência Nacional de Educação Ambiental, promovida pelo Ministério do Meio Ambiente em Brasília, e o IV Fórum de Educação Ambiental, em Guarapari/ES, coordenado por organizações que compõem a REBEA - Rede Brasileira de Educação Ambiental. Historicamente, encontros presenciais entre os educadores ambientais contribuem para o fortalecimento e coesão da EA.

Em meados de 1998, um grupo de educadores ambientais[1] em São Paulo decidiu promover uma nova fase da REPEA – Rede Paulista de Educação Ambiental, que transpirava o desejo de maior integração, promovendo o I Encontro Estadual de Educação Ambiental (IEEEA), em Santo André, para debater a Política Nacional de Educação Ambiental, a EA, em áreas de mananciais, e a consolidação da REPEA.

Para nos mantermos conectados criamos uma lista, registrando em atas todas as nossas discussões e decisões, construindo um planejamento estratégico[2] da rede, apresentado em Santo André, em 1999.

Em fevereiro de 2000, organizamos uma reunião de trabalho a que compareceram 80 elos da REPEA de várias bacias hidrográficas de São Paulo, que contribuíram ativamente para consolidação e detalhamento da gestão e do plano de ação da rede.

A rede estava dentro das nossas cabeças e corações, de modo indefinido, havendo necessidade de torná-la real e eficiente. Assim, decidimos que nossa estratégia prioritária, no período de 2001 e 2002, seria participar de reuniões e encontros regionais de educação ambiental. Pretendíamos irradiar a rede e seu plano de ação, além de coletar dados para uma primeira fase do diagnóstico da EA em São Paulo, nos municípios de Nova Odessa, Bauru, Santos, Rio Claro, Campinas, São Paulo, Joaquim Egídio e Piracicaba.

Toda essa construção coletiva ampliou a visibilidade da rede e norteou as bases conceituais, metodológicas e metas, que foram elaboradas no projeto *Fortalecendo a REPEA*, com 18 meses de duração, para participar do Edital do Fundo Nacional do Meio Ambiente, em março de 2002. Aprovado em maio, os recursos foram liberados em dezembro de 2002, quando iniciamos as atividades do projeto. Para conhecer o projeto na íntegra, acessar o site www.repea.org.br na home.

[1] Estes educadores trabalhavam na época nas seguintes instituições: 5 Elementos – Instituto de Educação e Pesquisa Ambiental; APASC/São Carlos, Consórcio Intermunicipal PCJ, Divisão Técnica de Educação Ambiental – DEAPLA da Secretaria do Verde e do Meio Ambiente do Município de São Paulo – SVMA, Instituto Brasileiro de Meio Ambiente e Recursos Naturais Renováveis – IBAMA/SP, Instituto Ecoar para Cidadania, Gaia/Campinas, CECAE/USP, CEAG/Guarulhos, SESC/Interlagos, ONG Alerta, Prefeituras Municipais de Bertioga, Ribeirão Pires e Santo André, Núcleo Regional de Educação Ambiental do Grande ABC, Secretaria de Educação do Município de Rio Claro, SEMASA – Serviço de Saneamento Ambiental de Santo André, SENAC, Sociedade Paulista de Zoológicos e WWF.

[2] Este planejamento nos possibilitou identificar que ações a rede deveria revelar para a sociedade; quais as frentes que estaríamos abrindo junto aos parceiros colaboradores, às pessoas envolvidas diretamente e à sociedade; serviços que poderíamos oferecer e a necessidade de captar recursos financeiros, materiais, equipamentos, para firmar a rede. Todos esses pontos foram debatidos dentro da dimensão atual (presente, 1999), visão (aonde queríamos chegar até 2002), quais as metas (quantificando a nossa visão), quais as estratégias para atingir as metas, quem seriam os líderes e qual o período de cada atividade.

O aprendizado de uma gestão

Para mim, a rede é um oceano com calmarias, tempestades, ventos, marés altas e baixas, movimentos que vêm de seus participantes, pessoas que estão em suas ilhas e continentes, ou seja, suas instituições.

O mar desperta curiosidade pela sua dimensão e múltiplas possibilidades de conexão. O espírito de aventura e o desejo de encontrar o novo mobilizam a participação dos elos da rede.

Muitos, porém, ainda desconfiados por não saberem o percurso exato e não terem o controle sobre todas as situações, não saem de terra firme, limitando-se a meros espectadores do processo.

Mas, quando embarcam, por conta de tantos movimentos, são estimulados a participar e começam a se manifestar e interagir. Ao se arriscarem nestas manobras, encontram pares em outras embarcações, trazendo à tona a essência da rede, que é o grande exercício da cooperação.

Os caminhos que percorremos e seus destinos não podem ser determinados. O mais importante papel das redes, nos dias de hoje, consiste em oferecer por meio de suas ondas, promovidas por pessoas e instituições, com diversos graus de participação, a possibilidade de construir coletivamente a transformação da sociedade deste planeta em comunidades pacíficas, justas e sustentáveis ●

De costas Ricardo Neder, Marcia Alves, Valter Silva, Cyntia Pinheiro, Christianne Godoy, Vivianne Amaral, Patricia Otero.

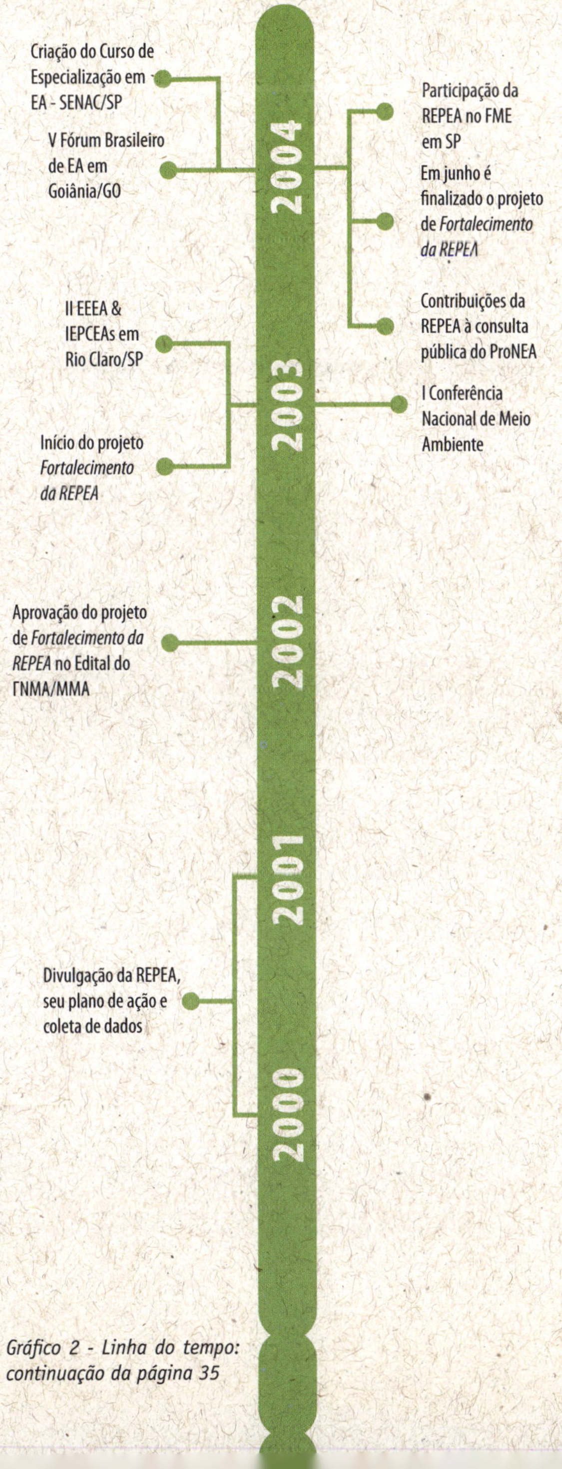

Gráfico 2 - Linha do tempo: continuação da página 35

II EEEA & I EPCEA's

Patricia Otero

Pedagoga pela PUC-SP, com especialização em Teoria e Prática do Meio Ambiente pelo ISER-RJ. É diretora do 5 Elementos desde 2004. Atua desde 1987 na área ambiental. Foi coordenadora de Educação e Comunicação na Secretaria Executiva da REPEA. Nos últimos anos vem se especializando na área de tecnologias de comunicação para a educação ambiental. Email: patriciaotero@5elementos.org.br

Capacidade coletiva gerada pelas parcerias

De 24 a 26 de julho de 2003, foram realizados o II Encontro Estadual de Educação Ambiental (II EEEA) e o I Encontro Paulista de Centros de Educação Ambiental (I EPCEAs), em Rio Claro, SP.

A dinâmica da construção desse encontro uniu pessoas de diferentes instituições e localidades geográficas, indicando a existência de uma rede de comunicação e produção na área de educação ambiental.

Foi uma iniciativa da Rede Paulista de Educação Ambiental - REPEA - em parceria com a Rede Brasileira de Educação Ambiental - REBEA, tecida por importantes instituições, como as Secretarias Municipais de Educação e Turismo de Rio Claro, 5 Elementos - Instituto de Educação e Pesquisa Ambiental, Comitê Estadual e Federal das Bacias Hidrógráficas dos rios Piracicaba, Capivari e Jundiaí, Consórcio Intermunicipal das bacias dos rios Piracicaba, Capivari, Jundiaí, Instituto Ecoar para a Cidadania, Núcleo Regional de Educação Ambiental do Grande ABC, OCA - Laboratório de Educação e Política Ambiental da ESALQ/USP, Rede de Arte Planetária, FEENA - Floresta Edmundo Navarro de Andrade – Instituto Florestal / Secretaria do Meio Ambiente, APASC - Associação para Proteção Ambiental de São Carlos e Secretaria Municipal de Meio Ambiente de São Paulo.

80 voluntários, organizados em pequenos grupos, com coordenadores locais, ficaram responsáveis por tarefas fundamentais: desde a grande linha de montagem das pastas até inscrições e credenciamentos dos mais de mil participantes, na sua maioria, estudantes universitários com muita disposição para trabalhar em prol do coletivo.

A dinâmica do encontro foi o item mais valorizado pelos participantes, revelada na cordialidade e espírito de cooperação entre todos, mérito de todos nós.

O resultado do encontro, construído de forma coletiva, tornou-se um marco na história da Educação Ambiental paulista, a gestão da Secretaria Executiva da REPEA - SER - que proporcionou uma conexão imensurável entre seus participantes. Por isso, já estamos planejando o III EEEA, que deverá ocorrer em 2006.

Participantes do IIEEEA & I EPCEA's

Mosaico de Atividades

A grade de atividades do II EEEA & I EPCEA foi concebida para possibilitar que as 1.300 pessoas - representantes de ONGs, redes de EA de vários Estados, órgãos governamentais e educadores - fossem protagonistas e não somente espectadores do encontro. Procuramos integrar no Encontro diferentes atividades consideradas fundamentais para a formação do educador ambiental:

ATIVIDADES	QUANTIDADE
CONFERÊNCIAS	004
MINICURSOS	026
OFICINAS	026
GTs	013
PAINÉIS	142
EVENTOS CULTURAIS	003
PLENÁRIA FINAL	001

Tabela 3 - Atividades do II EEEA & I EPCEA´s

As quatro conferências do II EEEA destacaram aspectos relevantes e atuais da prática de Educação Ambiental. Profissionais de renome abordaram os temas *Carta da Terra e Tratado de EA*, *EA e as Políticas Públicas*, *Redes Sociais e Ambientais* e *Mas, o que é mesmo EA?*.

Os Grupos de Trabalho realizados no II EEEA & I EPCEAs superaram os limites temporais e espaciais do encontro. Pela discussão por e-mail, os participantes e os elos da REPEA continuaram a se debruçar sobre importantes tópicos da Educação Ambiental. Os resultados dos GT´s, apresentados na Plenária Final, foram levados pela REPEA à Conferência Estadual do Meio Ambiente, em Botucatu, e à I Conferência Nacional de Meio Ambiente, em Brasília. Em 2004, a REPEA mobilizou-se para contribuir com a consulta pública do PRONEA - Programa Nacional de Educação Ambiental. Novamente os resultados dos GT's foram discutidos e incorporados às sugestões enviadas pela REPEA.

Muitos participantes ofereceram voluntariamente seu trabalho para o benefício de todos em oficinas e minicursos, numa demonstração de boa vontade e profissionalismo.

A Feira de Trocas, organizada pela Rede de Arte Planetária, movimentou a antiga Estação Ferroviária de Rio Claro, onde aconteceu a maior parte das atividades do IIEEEA & IEPCEAs. Foram comercializados produtos, serviços e informações com base em seu valor de uso e/ou necessidade, não em seu valor monetário. A maioria das "mercadorias" eram folhetos e materiais institucionais. O melhor negócio, no entanto, foram as trocas de experiências que acompanhavam as transações.

Mesa: *Mas o que é mesmo educação ambiental?* (da esq. para a dir.) profa. Michélle Sato, prof. Pedro Jacobi, pesq. Ângela Arruda e Larissa Costa, coord. de EA da WWF.

Meio Ambiente e Espiritualidade

A Caminhada noturna pela Paz na Floresta Estadual Edmundo Navarro de Andrade, com 400 participantes, mostrou muita integração e respeito à diversidade, vivenciando a profunda relação que há entre Educação Ambiental e espiritualidade. Lá agradecemos pela oportunidade da nossa conexão com os elementos da natureza e com o Universo.

Roda de confraternização: 25 de Julho, dia fora do tempo segundo o calendário Maia,

Comunicação e Informação

As mídias, conferências, painéis, oficinas e o crescente hábito é capacidade de lidar com informações possibilitaram a aproximação das pessoas e a construção de conhecimentos articulados, sistematizados no site, www.repea.org.br , um espaço de pesquisa e troca de informações sobre a Educação Ambiental no Estado de São Paulo.

Outro ponto de destaque no encontro foram os 142 painéis apresentados pelo participantes: EA na comunidade, 35 trabalhos, EA nas empresas, 4 trabalhos, EA nas escolas, 77 trabalhos, EA em Unidades de Conservação, 8 trabalhos, Pesquisa em EA, 11 trabalhos e Redes, 5 trabalhos.

Painelistas divulgando projetos de EA

AVALIAÇÃO DOS RESULTADOS DO PROJETO

Patricia Otero

A rede continuou promovendo encontros e reuniões. Em 2002, diversas instituições se organizaram para participar do edital de redes promovido pelo Fundo Nacional do Meio Ambiente - Ministério do Meio Ambiente.

Em dezembro de 2002, 5 Elementos – Instituto de Educação e Pesquisa Ambiental, Associação para Proteção Ambiental de São Carlos – APASC, Consórcio Intermunicipal da Bacia Hidrográfica dos Rios Piracicaba, Capivari e Jundiaí – PCJ, Instituto Ecoar para a Cidadania, Secretaria Municipal de Educação de Rio Claro e SENAC – Centro de Educação Ambiental deram início ao projeto Fortalecendo a Rede Paulista de Educação Ambiental – REPEA, financiado pelo FNMA–MMA.

Durante 18 meses (janeiro/2003 a maio/2004), graças a esse projeto, estruturou-se a Secretaria Executiva da REPEA – SER, integrada por quatro colaboradoras.

O objetivo da rede é que os educadores ambientais paulistas se sintam como pertencentes a um grupo de pessoas engajadas em um objetivo comum e que essa articulação fortaleça a prática, rumo à tão almejada sustentabilidade.

A Tabela 4 apresenta dados que refletem a importância do projeto *Fortalecendo a REPEA* para a consolidação da rede.

(da esq para a dir) Patrícia Otero, Mirana Casalli, Cynthia Pinheiro e Mônica Borba, integrantes da SER

DADOS DA REPEA		
	antes nov/2002	entre dez/2002 e jun/2004
Elos (pessoas) cadastradas	70	2043
Elos (instituições) cadastradas	45	435
Bacias Hidrográficas conectadas	05	22 (todas)
Participantes das listas de discussão	~60	~1000
Índice de visitação mensal do site	--*	4000
Reuniões virtuais no TelEduc	--*	12
Encontros presenciais (capacit. e encontros)	--*	23
Reuniões presenciais de gestão da rede	--*	18

Tabela 4 - Dados da REPEA

META 1 GESTÃO E ANIMAÇÃO

Desde o início do projeto, as reuniões do grupo gestor ocorreriam mensalmente. Delas participavam os elos articuladores das instituições parceiras do projeto e demais elos interessados. Nas reuniões ocorriam articulações e formação de grupos de trabalho para colaborar com o desenvolvimento das metas do projeto. As atas das reuniões estão disponibilizadas nas listas e no site, www.repea.org.br no menu *gestão*.

A REPEA considera fundamental a gestão regionalizada da informação para o fortalecimento da educação ambiental, utilizando a divisão do Estado de São Paulo em 20 Bacias Hidrográficas. Prevê a implantação de Pólos irradiadores nas bacias onde houver elos articuladores aptos a desempenhar trabalhos conectados à SER.

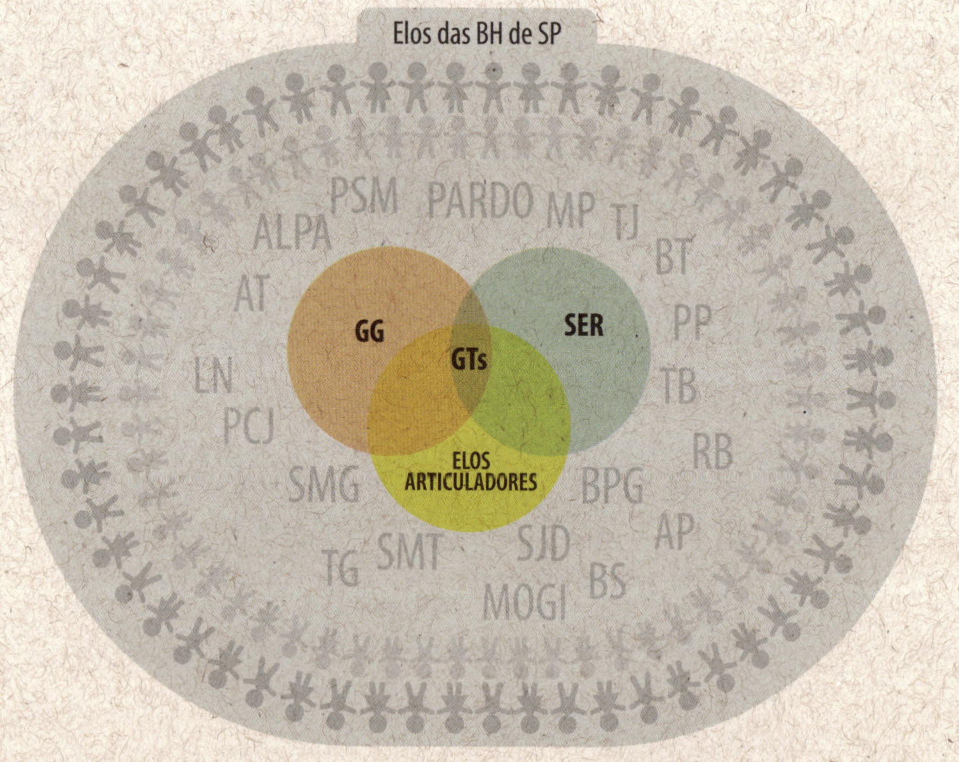

GG Grupo Gestor
GT Grupo de Trabalho
SER Secretaria Executiva da REPEA

Gráfico 3 - Gestão da REPEA

→ RESULTADOS

- Realização do II Encontro Estadual de Educação Ambiental & I Encontro Paulista dos Centros de Educação Ambiental, em julho de 2003, em Rio Claro. Com 1.300 pessoas, 142 painéis, 70 oficinas, mini-cursos e grupos de trabalho. Os resultados estão no site da REPEA.
- Estímulo à realização de encontros de EA nos municípios de Andradina, Assis, São Carlos, São José do Rio Preto, Suzano, Avaré e Ilha Comprida.
- Participação na Pré-Conferência Nacional do Meio Ambiente, em outubro, em Botucatu, e na Conferência Nacional de Meio Ambiente, em Brasília, em 2003.
- Realização de 3 Plenárias.
- Comprovação do potencial de articulação e força das redes: em maio de 2003, as redes locais de EA e a REBEA manifestaram-se junto ao MEC contra a extinção da COEA (Coordenadoria de Educação Ambiental para o Ensino Fundamental). Atendendo à demanda dos educadores ambientais, criou-se um grupo de trabalho entre MEC e MMA, para efetivação da PNEA – Política Nacional de Educação Ambiental.
- Participação nas reuniões de facilitação da REBEA e da organização do V Fórum Brasileiro de Educação Ambiental.
- Participação no Fórum Mundial de Educação em São Paulo (abril de 2004).

META 2 DIAGNÓSTICO DA EA NO ESTADO DE SÃO PAULO

A partir de um banco de dados a partir do qual, foi elaborado o diagnóstico da EA no Estado de São Paulo, cujo objetivo é avaliar indicadores das prioridades e demandas identificadas pelos educadores, educadores ambientais, estudantes e técnicos para fortalecer a EA em nosso Estado.

Para a REPEA, é um grande desafio fortalecer a atuação dos elos nas suas regiões, conhecer melhor as atividades em EA desenvolvidas no Estado e ampliar o número de elos e seu envolvimento com a rede.

A partir do recorte das 20 Bacias Hidrográficas do Estado de São Paulo foi construído o banco de dados da REPEA com o objetivo de coletar e divulgar as informações dos elos da rede, colaborando regionalmente com o fortalecimento da comunicação na área de EA. O resultado dessas informações foi base para a consolidação do primeiro *Diagnóstico da EA no Estado de SP*, elaborado pela REPEA, que será detalhado nos capítulos 3 e 4 desta publicação.

→ RESULTADOS

- Cadastro eletrônico que alimenta o Banco de Dados da REPEA;
- Banco de Dados próprio;
- Sistema de exportação de dados da REPEA para o SIBEA;
- Encontros para apresentação e diálogo entre a SER e consultores sobre os resultados do diagnóstico;
- Relatório do diagnóstico da EA no Estado de São Paulo.

SIBEA

O Sistema Brasileiro de Informações sobre Educação Ambiental - SIBEA foi desenvolvido pela Diretoria de Educação Ambiental do Ministério do Meio Ambiente em parceria com redes e instituições governamentais e não governamentais que atuam em EA. É um sistema público e um instrumento de interação do Órgão Gestor da Política Nacional de Educação Ambiental - PNEA com os educadores ambientais de todo o país e destes entre si. Sua missão é gerir informações sobre especialistas, instituições, legislação, publicações, programas, projetos e notícias em EA, úteis ao planejamento, à promoção, à coordenação e à difusão de ações nessa área.

META 3 SERVIÇOS DE COMUNICAÇÃO E INFORMAÇÃO

As tecnologias de comunicação e informação trouxeram novas possibilidades de relação entre os elos da rede, criando o sentimento de pertencimento à rede, a autonomia de ação e a cultura de redes entre os educadores ambientais de São Paulo.

PORTAL

O www.repea.org.br é um importante espaço de pesquisa e troca de informações. São mais de 250 páginas organizadas segundo as Bacias Hidrográficas ou UGRHIs – Unidades de Gerenciamento de Recursos Hídricos. Comporta um banco de dados, alimentado pelos elos, com informações sobre os atores da EA, os projetos que desenvolvem e como enxergam a problemática ambiental de sua região.

Diversas ferramentas na web possibilitam o encontro entre os educadores ambientais e a gestão compartilhada de conhecimento. A inserção das informações é feita pelos próprios elos; fica a cargo da SER a validação dos dados e publicação na web. Algumas ferramentas:

- **Diário de Bordo:** espaço de publicação de textos na home que visa compartilhar experiências e práticas em EA.
- **Listas de discussão:** metade dos elos cadastrados na REPEA participam das diferentes listas da rede; listas menores são criadas por demandas específicas de grupos de elos.
- **Agenda:** cursos, seminários, palestras e encontros de interesse dos educadores ambientais paulistas.
- **Oportunidades:** empregos, estágios, voluntários e financiadores divulgados pelos elos na página.
- **Acervo:** publicações, jogos e materiais audiovisuais produzidos pelos elos.
- **Enquete:** a opinião dos repeanos sobre os últimos assuntos.
- **Gestão Virtual:** a REPEA utiliza o TelEduc (programa de educação à distância), agendando reuniões, discutindo temas específicos e realizando módulos à distância nas suas capacitações.
- **Notícias:** acontecimentos relevantes para a EA nas bacias.

→ RESULTADOS

- Reformulação do site da REPEA (www.repea.org.br), transformando-o num grande espaço de pesquisa e troca de informações e consultas sobre a Educação Ambiental em São Paulo com atualização semanal.
- Publicação (on-line e impressa) trimestral de um boletim informativo sobre a Rede. Produzimos 5 números; do número 3 foram impressos 3.000 exemplares e enviados pelo correio para todos os elos cadastrados na rede.
- A principal lista de e-mails da REPEA é hoje um espaço interativo de troca e de comunicação, com cerca de 630 inscritos. Durante os 18 meses do projeto circularam mais de 2000 mensagens, envolvendo divulgação de notícias, boletins, eventos e oportunidades, trocas, solicitações e discussões.
- Das 2000 pessoas cadastradas na REPEA, 1000 participam das diferentes listas da rede.
- Criação de listas de discussão dentro da REPEA: Grupo Gestor; Participantes do II EEEA & I EPCEAs; Agenda 21 Escolar; Elos do Turvo Grande, entre outras.
- Foram realizados 9 bate-papos e 4 fóruns no TelEduc.
- Criação de 3 diferentes fôlderes com tiragem de mais de 10 000 exemplares.
- 2500 fichas do diagnóstico impressas para acompanhar o trabalho de ampliação da rede e coletar dados para o diagnóstico nos encontros.
- A Secretaria Executiva divulgou o projeto em artigos e press-releases para revistas, jornais e sites.

Raios-X da Lista de Discussão da REPEA[2]

Um dos principais desafios para o trabalho da Rede Paulista de Educação Ambiental é o uso da Internet. Em seus espaços de conversação (reuniões, capacitações, encontros virtuais, entre outros) procuramos suscitar a discussão sobre a estrutura social emergente, englobando a produção tecnológica, a construção do conhecimento coletivo e a cultura da informação.

DESCRIÇÃO DA LISTA DE DISCUSSÃO DA REPEA

- Endereço: http://listas2.rits.org.br/mailman/admin/listarepea
- 630 inscritos
- Inscrição voluntária
- 1 moderador e 1 administrador
- Mensagens de todos para todos
- Ferramenta da Rits – Rede de Informação para o Terceiro Setor

Gráfico 4 - % da distribuição das categorias (março/2003 a setembro/2004)

CLASSIFICANDO AS MENSAGENS DA LISTA DA REPEA...

Textos, notícias, artigos, boletins das bacias, do Brasil e do mundo.

Divulgação de cursos, seminários, oficinas, encontros, reuniões, cyberações, livros, filmes, sites, tecnologias sustentáveis, etc.

Oportunidades de emprego na área de EA ou Meio Ambiente, concursos públicos, prêmios, bolsas de estudo e possibilidades de participação em espaços relacionados às Políticas Públicas.

Solicitações de informações sobre temas, pessoas e/ou bibliografias ligadas à Educação Ambiental.

Discussões, articulações e trocas de um ou mais elos acerca de assunto apresentado na lista.

Moderação da lista, netiqueta, duplicidade, mensagens de estímulo e orientação para a participação na lista.

[2] Autoras: Patricia Otero, moderadora da lista, e Maria Tavares, elo articulador do Alto Tietê.

O QUE ROLA NA LISTA DA REPEA?

Notícias que desencadearam discussões:

Projeto de lei que viria alterar o artigo 64 do Código Florestal em áreas urbanas
Desmineralização da água Purelife pela Nestlé em São Lourenço(MG)
Filme *O dia depois de amanhã* e o fenômeno das mudanças climáticas

Inquietações que movimentaram diálogos:

Inserção da temática ambiental como disciplina nas escolas
Produção e consumo de embalagens (TETRA PACK)
Organismos geneticamente modificados (OGM's)
Conceito de desenvolvimento sustentável e sustentabilidade

Articulação e trabalhos dos elos:

V Fórum Brasileiro de Educação Ambiental
Contribuições ProNEA
Conferências Estaduais e Nacional de Meio Ambiente
Fórum Mundial de Educação São Paulo
II EEEA & I EPCEA's
Contra a extinção da Coordenadoria de Educação Ambiental do MEC

Solicitações de contatos, trabalhos e oportunidades:

Bibliografias
Realização de trabalhos voluntários
Oficinas e materiais didáticos

Importância

- Instrumento de integração e participação social e, principalmente, espaço para construção de conhecimento;
- Suscita a discussão sobre a sociedade da informação e o papel dos educadores nesse processo;
- Fortalece as ações dos educadores ambientais;
- Articula e mobiliza para a construção e implantação de políticas públicas;
- Divulga o campo da Educação Ambiental (oportunidades de trabalho, textos, encontros, cursos, entre outros).

Desafios

- Aprofundar a capacidade de leitura de informações dos elos para maior interação;
- Capacitação dos elos para o uso da internet, ferramentas e mídias digitais;
- Gestão eletrônica da lista permanente: moderação e administração;
- Recursos financeiros para estruturar outros pólos com listas próprias;
- Ampliação da divulgação das oportunidades.
- Inserção digital.

Gráfico 5 - Classificação das mensagens da lista da REPEA

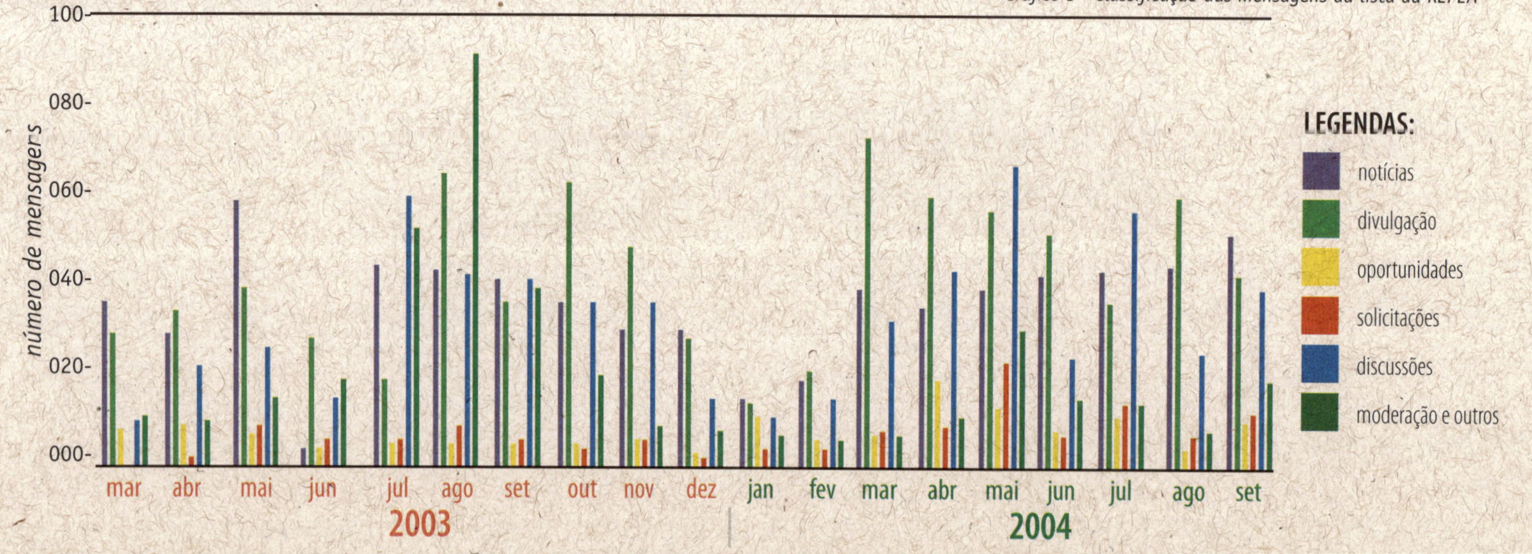

META 4 CAPACITAÇÃO PARA O TRABALHO EM REDE E AMPLIAÇÃO DA REPEA

Estabelecer contatos, trocar idéias e aprender uns com os outros, compartilhando informações e conhecimentos, esse é o espírito que permeia as ações da REPEA.

Trabalhar em rede não é tão fácil como parece. Requer desprendimento de velhos hábitos e paradigmas, compreensão da horizontalidade das relações, respeito à diversidade e promoção da autonomia. Atualmente, ser elo de uma rede exige o desenvolvimento de habilidades para o uso da internet como instrumento de comunicação e gestão.

O Programa de Capacitação da REPEA objetivou o desenvolvimento da cultura de redes e o uso das tecnologias de comunicação, para expansão da rede, hoje presente em todo o Estado de São Paulo.

Foram realizadas diferentes oficinas para os elos da rede de acordo com os níveis de conhecimento e demandas.

Elos em capacitação: da esq. para a direita: Renata Poternoy (de costas), Mara Lúcia, Lila Santos, Vinícius Madazio, Roberta Santana, Leonardo Viana, Francisco Corrales e Vera Lúcia.

As capacitações abordaram os temas: difusão da cultura de redes; o que são elos; treinamento para utilização e moderação de listas de discussão; correio eletrônico; preenchimento do cadastro, mídias usadas pela REPEA, autoconhecimento e autogerenciamento para a tomada de decisões.

→ RESULTADOS

- Cinco cursos de capacitação dos elos para o trabalho em rede, para ampliar a REPEA e difusão da cultura de redes. Também foi trabalhado o uso das ferramentas da internet.
- Inserção de capacitações na programação de 18 encontros regionais de educação ambiental por todo o Estado de São Paulo, atingindo mais de 4000 pessoas, onde foi apresentada a REPEA e suas mídias.
- Criação e produção do Kit Repea contendo fôlder, CD - apresentação da REPEA e da Cultura de Redes, Boletim Informativo e apostila, podendo ser reproduzido e utilizado pelos elos para articulação e divulgação.

META 5 SUSTENTABILIDADE

Foram realizados diversos encontros presenciais com os elos da rede, grupo gestor e consultoria externa para discussão e consolidação de um planejamento da Rede a médio e longo prazos, para o período de 2004 a 2006. Temos articulado e pesquisado novas fontes de financiamento para dar continuidade às atividades da rede.

A gestão da rede e sua sustentabilidade demandam muito esforço comum, sempre buscando o consenso e o que nos une, para que possamos construir a REPEA em bases sólidas e frutíferas.

→ RESULTADOS

- Em fevereiro de 2004, foi enviado ao FNMA-MMA o projeto *Fortalecendo a REPEA II*, fundamental para a continuidade dos trabalhos, sem aprovação até o momento (2004).
- A coordenação da SER continua em busca de recursos para dar continuidade ao fortalecimento da rede.

A REPEA continua

Com o final do projeto de fortalecimento da REPEA, as ações em prol da sustentabilidade da rede voltam a ser voluntárias por parte dos elos. Nas últimas reuniões do Grupo Gestor, ocorreu divisão de tarefas para garantir as atividades básicas da rede, até então centralizadas na Secretaria Executiva. Grupos de Trabalho elaboram e enviam projetos para áreas ou temas específicos da REPEA.

Os elos articuladores têm a incumbência de inserir no site da REPEA informações, notícias e dados sobre os projetos que executam localmente. É fundamental que continuem alimentando a REPEA e enraizando os princípios do trabalho em rede.

FALAM OS ELOS DAS REDES

"Conhecer e interagir com as pessoas que formam a REPEA foi uma experiência muito rica para minha formação, pessoal e profissional, pois entrei em contato com a diversidade de educadores ambientais com suas personalidades e visões de mundo interessantes, cativantes e, por que não, diferentes entre si, mas unidas por uma causa comum: a vida.

O emaranhado de interações vivenciadas na rede, em seus debates virtuais e presenciais, propiciou-me momentos de reflexão e ação, angústia e alegria, êxtase e serenidade, um rico aprendizado sobre os seres humanos e a luta por nossos ideais.

Eu enxergo na REPEA uma luta pela utopia da comunidade real/virtual aberta, horizontal e diversa dos educadores ambientais do Estado de São Paulo, buscando o fortalecimento de nossa práxis em prol de um mundo melhor.

O desafio que a rede nos propõe é o autoconhecimento e superação dos valores antagônicos à prática de redes sociais, valores atuais arraigados em nossa cultura e que não condizem com nossas ideologias.

É difícil trabalhar em rede, pois as relações hierárquicas, os egos inflados e o corporativismo continuam a existir e devem ser enfrentados.

Assumindo tais deficiências, acredito que a REPEA poderá alçar vôos ainda mais longos e mais altos e influenciar, como tem influenciado, os trabalhos locais, deixando a marca das relações em rede, revolucionando a EA em todo o Estado, superando a recorrência de práticas pontuais e isoladas e reunindo as forças para a construção das novas sociedades sustentáveis que tanto queremos."

Alexandre Falcão de Araújo é elo articulador da REPEA, facilitador da Rede CEAs, participante da Oca - Laboratório de Educação Ambiental da ESALQ/USP e estudante de Gestão Ambiental na ESALQ/USP. Atua em Piracicaba, na bacia hidrográfica dos rios Piracicaba, Capivari e Jundiaí PCJ. Email: falcaodearaujo@yahoo.com.br

Alexandre Falcão

"Às vezes, em nossas vidas, precisamos de um novo caminho para tornar possíveis nossos sonhos. A Repea possibilita-me relatar experiências ocorridas em minha vida profissional, além do intercâmbio de informações e, por conta disso, revigorou-me a fim de jamais desistir do melhor caminho, ou seja, a educação."

Jorge Gerônimo Hipólito, 3° sargento PMESP, durante 26 anos serviu no policiamento ambiental, 2° BPamb e 4° BPamb (1977 a 2003) sempre com ênfase na educação ambiental. Aposentado, participa do Pólo da Repea Turvo/Grande. Email: hipolitojgh@ig.com.br

Jorge G. Hipólito

Ivan Alexandre Ferrazoli de Marche é biólogo, especialista em Educação Ambiental e membro dos Comitês CBH-TJ e TB, atualmente graduando em Geografia mora em Bauru. Email: ivan@vidagua.org.br

"Participar da REPEA é contribuir com o aprendizado da humanidade, principalmente das comunidades menos favorecidas. Despertar a consciência ambiental me faz feliz, assim como verificar que o resultado final do trabalho desenvolvido teve repercussão para a população. Sinto-me gratificado cada vez que vejo ou escuto alguém comentar que algo que ensinamos fez com que muitos aprendessem.

A REPEA foi um desses instrumentos que possibilitou alcançar esse resultado positivo e gratificante. Ao mesmo tempo, fico triste em notar que uma porcentagem pequena da população tem acesso a esse sistema revolucionário de ensino, mas que isso sirva de incentivo para que a criatividade possa nos ensinar a solucionar os problemas ambientais. Afinal, *um outro mundo é possível, e que seja um mundo sustentável.*"

Ivan A. Ferrazoli de Marche

Wilson Barbosa, formado em Ciências Sociais, com Especialização em Educação Ambiental pela Faculdade de Saúde Pública (USP) é co-moderador da lista da REPEA. Email: wilsonbarbosa@repea.org.br

Wilson Barbosa

"Tive o meu primeiro contato com a Repea em maio de 2003. A partir de então, posso dizer que intensifiquei em muito minha atuação como agente transformador da realidade em torno de minha comunidade, apesar de estar licenciado da empresa a que sou vinculado, em razão de um acidente de trabalho que me limitou fisicamente desde junho de 2002.

Motivado pela possibilidade quase ilimitada de participação nas atividades da Rede e em outras instâncias, tornei-me elo articulador e coloquei-me à disposição para as ações que estivessem ao meu alcance. Participei ativamente de quase todas as atividades relacionadas ao II EEEA & I EPCEAs, em julho de 2003, envolvendo em tais ações pessoas da minha comunidade. Aumentei substancialmente em quantidade e qualidade meu tempo de vinculação com a Repea, minhas articulações relacionadas com Educação Ambiental ampliaram-se, depois que participei das capacitações oferecidas pela rede e comecei a auxiliar a Patricia, coordenadora de Educação e Comunicação - na moderação de listas de discussão e inserção de dados no site, onde atuo até hoje. Muito me orgulhou também fazer apresentações da Repea em escolas e outros elos através do Projeto Fortalecendo a Repea - com apoio do FNMA.

Espero poder participar mais de atividades presenciais, assim que minhas condições físicas me permitirem. E, independente disso, sinto-me muito agradecido pela oportunidade que a rede oferece a mim e a outros elos articuladores, fazendo com que deixemos de ser meros contempladores para nos tornarmos protagonistas na produção de nossas realidades."

"As redes cumprem papel decisivo na democratização das informações ambientais. Em todas as áreas do conhecimento, a informação é imprescindível para balizar as tomadas de decisão. Profissionais das áreas de economia, política e negócios encontram na grande imprensa todas as informações que precisam para planejar as suas ações. Nós, ambientalistas, não. O tema meio ambiente, infelizmente, ainda passa ao largo da mídia tradicional, o que faz com que busquemos outras fontes de informação. Daí a importância das redes, que nos fornecem farto material para embasar nossos projetos, ações e atitudes na área ambiental.

Na verdade, as redes fazem mais do que suprir essa deficiência dos meios de comunicação, pois possibilitam a troca de conhecimento e facilitam a conexão entre pessoas de lugares distantes, mas com as mesmas indagações. Comportam-se como organismos vivos, capazes de perceber as necessidades de mudança e promover a transformação.

O acesso às informações é particularmente vantajoso para quem mora longe dos grandes centros urbanos e não tem disponibilidade para participar de fóruns, debates, mostras e encontros. Eu, por exemplo, que trabalho como voluntária ambiental, aqui em Ubatuba, litoral norte de São Paulo, não disponho de tempo nem dinheiro para participar de eventos presenciais e devo às redes, sobretudo, à REPEA, a oportunidade de conhecer, debater, questionar e disseminar os mais diversos temas ambientais."

Regina Teixeira

Regina Teixeira, jornalista, radialista e voluntária ambiental. Cursa especialização em EA e é diretora de comunicação da SAI (Sociedade Amigos de Itamambuca), pela qual implantou e coordena um programa de coleta seletiva e projetos de reflorestamento e recuperação da Mata Atlântica e vegetação de restinga. Desenvolve projetos de educação ambiental com alunos do Ensino Fundamental. Coordenadora do Programa de Voluntariado do Centro Esportivo e Recreativo Itamambuca e membro do Conselho Administrativo da Cooperativa Educacional de Ubatuba. Email: reginateixeira@uol.com.br

"Em julho de 2003, conheci a filosofia do trabalho em rede e a Repea. Naquela época, achava que viver era, como diz a música, "simplesmente compreender a marcha e ir tocando em frente...". Vivia porque respirava e deixava-me levar em um viver de sono tranqüilo e totalmente desprovido de sonhos. Permitia que a vida me levasse como uma folha carregada pelo vento. A oportunidade, a mim proporcionada pela Repea, de trabalhar pela articulação de parcerias e estreitamento de relações entre pessoas e instituições daqui da região do Turvo/Grande, difundindo a filosofia e o conceito de rede, fez com que eu despertasse deste sono sem sonhos, agarrasse o leme e direcionasse o vento rumo a uma nova e esplêndida forma de viver. O viver povoado de sonhos, lutas e realizações. O viver pelo ideal de um mundo mais solidário e sustentável que, hoje, graças à REPEA, acredito ser possível."

Mara Lúcia F. Garutti

Mara Lúcia Figueiredo Garutti, elo articulador da Repea no Pólo Turvo Grande, coordenadora da Comissão de Meio Ambiente da Central de Voluntariado de São José do Rio Preto. Email: maralucia@repea.org.br

A TESSITURA DA REPEA NO INTERIOR PAULISTA: A PARTICIPAÇÃO DA APASC E DA REA-SÃO CARLOS

Edna Kunieda trabalha na seção de EA - Diretoria de Política Ambiental - Secretaria Municipal de Desenvolvimento Sustentável, Ciência e Tecnologia e APASC/REA-SC. Email: ednakuni @terra.com.br

Heloisa Sisla Cinquetti - Membro da APASC, coordena a Rede de EA de São Carlos. Email: heloisa.cinquetti@terra.com.br

Haydée Torres de Oliveira e Luzia S. Fernandes Costa são professoras da Universidade Federal de São Carlos, membros da APASC e coordenam a Rede de EA de São Carlos. Emails: haydee@power.ufscar.br e luziasigoli@terra.com.br

"A Associação para Proteção Ambiental de São Carlos (APASC) é uma ONG ambientalista peculiar desde a sua formação, há 27 anos. Sua continuidade depende da nossa colaboração e de outros voluntários. Somos profissionais que atuamos em diferentes áreas e nos dedicamos à entidade em variados graus de intensidade e freqüência, sempre abrindo espaços entre compromissos, como trabalho, família e amigos, para manter esse vínculo de ideais e ações harmoniosas ao ambiente.

Nossa participação no Projeto *Fortalecendo a REPEA* ocorreu desde sua concepção até as últimas etapas. Talvez não da maneira ideal, mas dentro do possível: revezando-nos para participar das reuniões ou divulgando a REPEA em eventos de EA, organizados no município e região, e colaborando com a realização do diagnóstico da EA no Estado de São Paulo. Consideramos tal participação mais uma atividade da Rede de Educação Ambiental de São Carlos – REA-SC, representando assim as pessoas que atuam na área nesta região do Estado. Fazemos doação de nossos serviços, tempo e disposição, porque acreditamos na proposta das redes como um poderoso veículo de alcance ilimitado, posto que agrega idéias afins para enriquecer o diálogo, efetivar mais rapidamente as ações e fecundar nossa atuação de outras possibilidades.

O enredamento, como forma alternativa de organização, diferente do modelo que se vende como único caminho a seguir, merece total apoio, no sentido de que estamos abraçando o novo, exercendo a sustentabilidade, tão almejada e propalada, mas ainda timidamente em construção. Merece destaque o ambiente acolhedor propiciado pelos participantes, mesmo quando avaliávamos que a nossa participação estava aquém das expectativas. Assim, mantinham-se as portas abertas à participação, de forma prazerosa. Acreditamos nas redes como potenciais catalisadores de um processo de transformação, papel cumprido pelo *Fortalecendo a REPEA* que, durante sua execução, deu e ainda dará muitos outros frutos!

A trajetória das ONGs ambientalistas, das instituições de ensino e pesquisa e setores da administração pública, as experiências individuais e coletivas de seus integrantes constituem terreno fértil não só para as ações formadoras em EA, como também para fortalecer uma cultura de rede."

Haydée, Edna, Luzia e Heloisa, integrantes da APASC

Associação para Proteção Ambiental de São Carlos

APASC 25 anos

"Participar de uma rede de informações hoje é imprescindível a fim de se manter atualizado e com dados necessários para um bom desempenho profissional. A REPEA divulga uma diversidade de informações dentro do tema meio ambiente e educação ambiental que proporciona conhecer os eventos, acontecimentos e opiniões no mundo todo, em espaço de tempo muito pequeno. Como estou na Coordenadoria do Ensino Técnico do Centro Estadual de Educação Tecnológica Paula Souza, que possui 108 escolas técnicas, 16 com Curso Técnico em Meio Ambiente, estas informações são muito valiosas. Muitas e muitas vezes informo os professores sobre conhecimentos científicos ou eventos, com base nos e-mails recebidos na REPEA. Com as informações recebidas e trocadas podemos formar opiniões sobre os diversos temas polêmicos, com maiores subsídios, argumentação, discussão para multiplicadores."

Raquel Fabbri Ramos

Raquel Fabbri Ramos. Engenheira agrônoma com mestrado em Energia na Agricultura – na UNESP Botucatu –SP, Curso Fundamental de Agricultura Biodinâmica e estudos sobre agricultura e pecuária orgânicas. Atua na Coordenadoria do Ensino Técnico do Centro Estadual de Educação Tecnológica Paula Souza, no qual ministra, dentre outros, cursos de Meio Ambiente, Gestão Ambiental, Agricultura e Pecuária. Email: raquelfabbri@fca.unesp.br

"A REPEA tem um significado especial em minha vida pessoal e profissional, pois nela conheci pessoas, fiz amigos, ingressei em discussões, compartilhei informações, ouvi experiências e opiniões e participei da luta pelo fortalecimento da Educação Ambiental em nosso Estado. Acabei tornando-me uma "formiguinha" nesta rede. Sempre estava presente de alguma forma, aqui e ali, trabalhando na validação dos dados das pessoas e instituições, compilando contribuições, explicando como entrar e sair da lista de discussão, dando palestras e levando a rede para todos os cantos pelos quais passava. Patrícia Otero e eu começamos a fazer no ano passado um estudo sobre a lista de discussão da REPEA. Este Raio-X explicitou a dimensão da troca, mobilização e articulação dos elos da rede. Onde encontramos hoje oportunidades assim?

Nesse estudo acompanhei os eventos, notícias, oportunidades, solicitações, discussões e trocas dos elos e percebi os motivos de termos hoje quase 640 inscritos. Somos uma corrente do bem e queremos um mundo melhor. Estudamos, discutimos os mais diversos assuntos e nos mobilizamos em relação a medidas que interfiram no ambiente (ecológico, social, político, econômico, etc). Isso é ser rede. É dar voz, ouvir e construir o mundo que queremos. *Cabeça nas nuvens e pés no chão*. Sei que existem muitos desafios para movimentar esta rede, tais como a disponibilidade de recursos, a demanda por capacitação, o sentimento de pertencimento, dentre tantos outros. Apesar das dificuldades, continuo nessa luta, muito feliz por fazer parte de uma teia de intenções, idéias e ideais positivos."

Maria de Souza O. Tavares

Maria de Souza Oliveira Tavares é elo articulador da REPEA no Alto Tietê, educadora ambiental do Instituto 5 Elementos, especialista em Educação Ambiental pela Faculdade de Saúde Pública da USP e gestora ambiental formada pelo SENAC. Email: mariatavares@repea.org.br

CONHECENDO A EA NO ESTADO DE SÃO PAULO

APRESENTAÇÃO DO DIAGNÓSTICO DA EA EM SP

Cyntia Helena Ravena Pinheiro

Bacharel e licenciada em Ciências com habilitação em Química e mestra em Ciências. Doutoranda no Instituto de Geociências da Universidade de São Paulo. Educadora e pesquisadora em Educação Ambiental, desde 1996. Coordenadora do Diagnóstico da EA no Estado de São Paulo junto à Secretaria Executiva do projeto *Fortalecendo a REPEA*.

Introdução

O Diagnóstico da Educação Ambiental no Estado de São Paulo emergiu no contexto do Projeto *Fortalecendo a REPEA* como meta, não de avaliação do desempenho da rede e, sim, da educação ambiental como um todo, incluindo os educadores elos e não elos da REPEA. Pretende-se que ele inaugure uma série histórica que possibilite acompanhar o desenvolvimento da educação ambiental no Estado. Este primeiro diagnóstico é uma fotografia da Educação Ambiental sob a óptica do banco de dados da REPEA, em novembro de 2003.

É imprescindível que os educadores ambientais e educadores analisem o quanto esses dados refletem a realidade da Educação Ambiental desenvolvida nas suas localidades e seu significado para a atuação profissional. Que percebam a importância da sua contribuição como agentes sociais de transformação.

A REPEA considera fundamental que os educadores ambientais se voltem cada vez mais para uma perspectiva de atuação local, porém, em sintonia com a realidade e gestão ambiental regional das Unidades de Gerenciamento de Recursos Hídricos ou UGRHIs.

O que a princípio foi concebido para dimensionar a atuação dos educadores ambientais, especialistas e pesquisadores em Educação Ambiental transformou-se num levantamento mais abrangente, acolhendo as expectativas e perspectivas da Educação Ambiental no contexto educacional, incluindo educadores do ensino infantil, fundamental, médio e superior, além de universitários, interessados nas práticas de Educação Ambiental.

Como o trabalho foi realizado?

Método

Definição da matriz para coleta de dados

O diagnóstico foi realizado simultaneamente aos das outras redes de EA no Paraná, Santa Catarina e Rio Grande do Sul, pela Reasul, Mato Grosso e Mato Grosso do Sul, pela Rede Aguapé e Acre, pela Rede Acre, e sistematizados e analisados pela Rede Brasileira de Educação Ambiental – REBEA, resultando no primeiro diagnóstico da Educação Ambiental a contemplar diferentes regiões no Brasil.

Houve necessidade de padronizar o instrumento para a coleta dos dados para que pudessem ser confrontados. Assim, reuniram-se, em novembro de 2002, integrantes das redes de Educação Ambiental envolvidas, a equipe técnica do Sistema Brasileiro de Informação em EA (SIBEA) e outros colaboradores. A matriz do SIBEA recebeu alterações, visando a sua simplificação. Posteriormente, à matriz foram acrescentados dados considerados relevantes pelo Grupo Gestor REPEA, como temas relacionados às atividades em EA e demandas identificadas pelos educadores como necessárias ao fortalecimento da EA no Estado de São Paulo.

Como foi aplicada a matriz para a coleta de dados?

Em um Estado cuja área territorial é de 248.808,80 km² e a população de 37.035.456 habitantes, segundo o censo demográfico de 2000, era um desafio a coleta de dados, para a qual adotamos as estratégias:

- cadastramento espontâneo dos elos da REPEA pelo preenchimento eletrônico no site da rede;

• cadastramento espontâneo dos elos por ocasião da realização de eventos regionais de educadores ambientais, como encontros, seminários, conferências, feiras entre outros, pelo preenchimento da ficha impressa;

• participação no II Encontro Estadual de Educação Ambiental e I Encontro Paulista de Centros de Educação Ambiental – II EEEA & I EPCEA, um dos eventos mais abrangentes ocorridos no Estado, onde o cadastro de educadores ambientais, educadores, estudantes e demais profissionais interessados nas práticas e pesquisa relacionadas à EA se concretizava pela própria inscrição. Nem todos os inscritos constituíam elos da rede a partir da sua inscrição no evento, porém, muitos vieram a integrar a REPEA, participando como elos ou elos articuladores.

Essa estratégia metodológica gerou grande número de dados para o diagnóstico e para que a rede se tornasse mais conhecida e se ampliasse, possibilitando que os resultados das atividades do evento e dos grupos de trabalho impulsionassem a articulação entre os elos e melhor compreensão da importância e essência do trabalho em rede.

O instrumento de coleta de dados visava levantar:

• as categorias de atuação - educadores ambientais, especialistas e pesquisadores em EA;

• formação dos atuantes;

• a área de atuação e seu público-alvo;

• o grau de articulação explicitado pela participação em diferentes organizações, movimentos sócio-ambientais e instâncias políticas;

• as demandas por eles identificadas para efetivação da EA no Estado de São Paulo;

• a predisposição/potencialidade para o trabalho voluntário em projetos de instituições atuantes em EA;

• as áreas temáticas de atuação;

• o perfil dos projetos desenvolvidos ou em andamento e

• o ambiente prioritário de atuação (urbano, rural, unidades de conservação).

Para o cadastramento de pessoas, foram estabelecidas algumas categorias: Educador Ambiental, Especialista, Pesquisador, que possibilitariam uma gama de opções para o enquadramento de todos os profissionais atuantes em EA. Na fase de teste do cadastro observou-se que muitos não se identificavam com as categorias pré-estabelecidas, o que levou a incluir mais duas categorias: Educador e Outros.

Como *educador ambiental* entende-se aquele que desenvolve ações em EA, não associada a uma ou outra disciplina, respeitando o princípio da não segmentação do conhecimento, independentemente da área de formação e ou instituição em que atua, instituições públicas, ONG, etc. Como *educador* o profissional desempenha a função de educar nas diferentes áreas do conhecimento. A categoria *outros* abrange pessoas que não se enquadravam em nenhuma das categorias anteriores. Alguns campos do cadastro não puderam ser preenchidos pelos educadores e por outros participantes, como os universitários, na sua maioria. Apesar das adequações no cadastro certos campos não permitiram o registro de todos os aspectos previstos no questionário.

Resultados

PESSOAS

Quantas são e onde estão as pessoas cadastradas?

Em novembro de 2003, o banco de dados da Rede contava com pessoas de 27% dos municípios do Estado de São Paulo (174 dos 645), distribuídas por todas as Bacias Hidrográficas, um total de 1.703 pessoas desenvolvendo atividades nas UGRHI num universo de 2.042 dados. Essa discrepância revela algumas características interessantes do campo da EA relacionadas à múltipla atuação dos educadores ambientais. O mesmo educador ambiental pode atuar em mais de um projeto simultaneamente em diferentes Bacias Hidrográficas ou migrar de uma área de atuação para outra, sempre que seu projeto esteja concluído e uma nova possibilidade de trabalho se apresente. Essa flutuação pode ser acompanhada ao longo do tempo, nas fases seguintes do diagnóstico.

A Figura 1 mostra essa presença, esse colorido. As regiões onde há presença de maior número de pessoas cadastradas aparecem com tonalidade mais forte. Quais os fatores que contribuíram para essa diferente distribuição de pessoas cadastradas? É nítida a influência dos encontros de educação ambiental, regionais ou estadual, ocorridos nesse período nas cidades de Andradina, Assis, Ubatuba e Rio Claro com efeitos para toda a região do entorno. Isso explica regiões com maior intensidade da cor azul e outras com menor intensidade, como se os eventos representassem uma grande onda que se espraia após a arrebentação. O grande desafio das redes de EA é armazenar a energia natural desses momentos para fortalecer a prática da Educação Ambiental e promover as mudanças necessárias à sua efetivação como política pública.

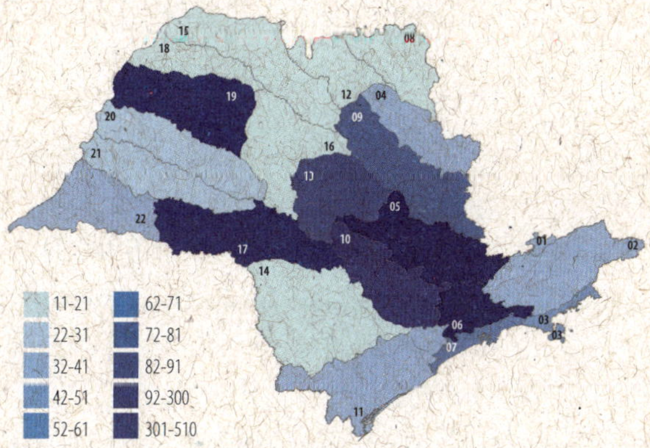

Figura 1 – Mapa da distribuição do número de pessoas cadastradas no banco de dados da REPEA nas diferentes UGRHI (novembro/2003)

Quem são as pessoas?

Educadores, educadores ambientais e interessados na prática de um novo conceito de educação ou, por que não dizer, da verdadeira e plena educação, que dispensa adjetivos.

Os dados do diagnóstico mostram que os educadores ambientais, especialistas e pesquisadores/especialistas somam 29%, enquanto os educadores,

educadores especialistas e educadores pesquisadores perfazem 40% do total de pessoas cadastradas. Os 31% enquadrados na categoria de *outros* são na sua grande maioria universitários, como mostra o Gráfico 6.

Gráfico 6 – % da identidade das pessoas cadastradas no banco de dados da REPEA (novembro/2003)

Por que é maior o número de educadores cadastrados que o de educadores ambientais? O contingente de educadores no Estado de São Paulo, segundo dados do MEC (2004), é de 491.198. O que tem levado os educadores a participarem de encontros, cursos de capacitação, oficinas e atividades relacionadas à educação ambiental? Estariam buscando caminhos para efetivar uma educação capaz de revolucionar a sociedade, como mola propulsora das mudanças de valores e emancipação do cidadão?

Outras tantas questões podem ser levantadas pelo leitor e as respostas devem ser colocadas em discussão nos fóruns, encontros, listas de discussão das Redes de EA e outras.

Muito se discute a respeito da necessidade de formação dos educadores ambientais não só no meio acadêmico, porque a Educação Ambiental se faz no dia-a-dia junto aos diferentes públicos. Como em todas as áreas do conhecimento, a aplicação dos conceitos à prática e a experiência frente à solução de problemas reais são fundamentais à consolidação e qualidade da atuação profissional. A prática sem fundamentos, sem dialogar com o conhecimento também não se efetiva. Esse entendimento é fundamental ao direcionamento da formação de educadores ambientais.

O Gráfico 7 mostra os percentuais e o número de pessoas segundo seu grau de instrução, com destaque para o ensino superior.

Duas considerações podem ser feitas com relação a esses resultados. De 75 a 98% das pessoas cadastradas com formação superior são estudantes universitários, ou seja, possuem grau superior incompleto, portanto, a maioria deles ainda não atua como educador. O que leva muitos jovens universitários a se interessarem pela educação ambiental? Como se dá sua formação frente às questões ambientais e educacionais?

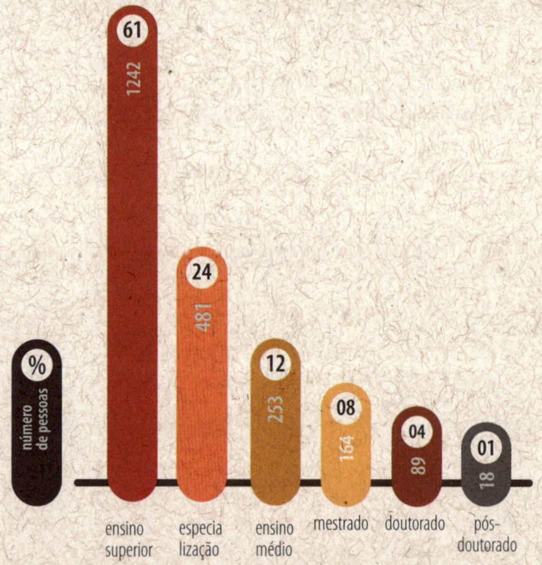

Gráfico 7 – Formação dos educadores, educadores ambientais e outros (Banco de dados da REPEA/nov/2003)

Os profissionais que atuam na educação infantil, ensino fundamental e médio não se identificaram como educadores ambientais; no preenchimento do cadastro, algumas vezes, não definiram os temas ligados à EA abordados na sua prática de ensino ou às demandas prioritárias para a efetivação da EA. Isso decorreu talvez porque algumas questões estavam mais relacionadas à atuação dos educadores ambientais que dos educadores, daí a necessidade uma análise mais atenta do instrumento de coleta.

Com quem atuamos?

O público-alvo das atividades de EA desenvolvidas pelas pessoas cadastradas na REPEA são estudantes do ensino fundamental (29%), estudantes do ensino médio e comunidades ou associações comunitárias (19% e 14%) e ONGs (9%). O percentual de educadores e educadores ambientais que atuam no ensino fundamental é maior que o do ensino médio, o que se explica pelo maior contingente de estudantes nesse nível de ensino. Segundo dados do censo escolar do MEC (2004), o número de estudantes no ensino fundamental no Estado de São Paulo é de 5.862.636 e, no ensino médio, 2.045.911.

Esses dados apontam para a necessidade de um trabalho simultâneo tanto sobre a instância formal quanto informal de educação. Confirma o potencial multiplicador da escola e a necessidade de apoiar e exigir qualidade das políticas públicas educacionais que viabilizem uma EA multidisciplinar, participativa e transformadora, valorizando a solidariedade e a vida comunitária como espaço privilegiado de educação, mudança e promoção social.

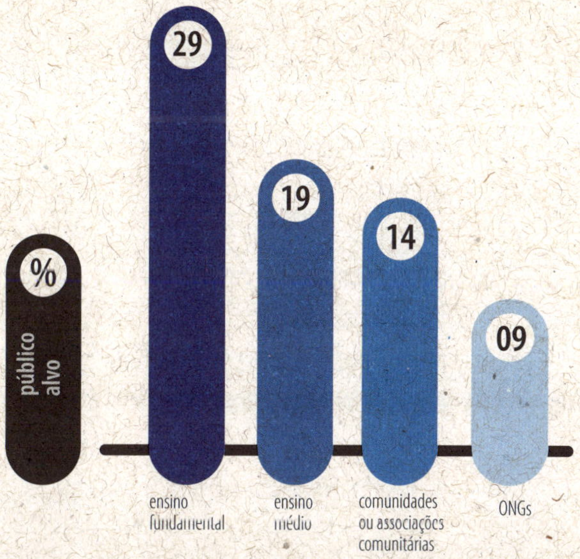

Gráfico 8 – Público-alvo das atividades de EA (Banco de dados da REPEA/nov/2003)

Onde atuamos?

A atuação em EA das pessoas cadastradas no banco de dados da REPEA no ambiente urbano é muito maior que no rural ou nas áreas de proteção e unidades de conservação, como pode ser observado na Tabela 5.

Segundo dados do IBGE (2000), 81% da população brasileira vive em ambiente urbano e 19%, em ambiente rural. A Tabela 6 exibe o quadro de alteração desse cenário no período de 1950 a 2000. Observa-se a inversão gradativa do percentual da população rural e urbana, provavelmente decorrente da industrialização do País e das políticas adotadas para o desenvolvimento econômico, em detrimento de outros setores, como o social e o educacional. A EA poderá realizar um resgate histórico dessa questão, o que contribui para abordagem dos problemas socioambientais atuais.

As questões relativas à conservação de áreas naturais cederam espaço às urbanas, o ambientalismo e a educação ambiental mais ativista cedem lugar para uma atuação mais engajada com as questões locais. Os dados do diagnóstico da REPEA exibem as áreas de conservação como ambiente de atuação de 29% das pessoas cadastradas e o ambiente urbano, de 69%, estando ambos acima do ambiente rural, com 23%. É claro que não só as questões locais devem ser objeto da ação desses profissionais, afinal, tudo está interligado no grande organismo planetário.

Tabela 5 – Percentual de pessoas cadastradas na REPEA, segundo seu ambiente de atuação (dados nov/2003)

	1950	1950	1970	1930	1991	2000
urbano	36	45	55	67	75	81
rural	63	54	44	32	24	18

Tabela 6 – Distribuição da população brasileira nos ambiente urbano e rural (dados do IBGE período de 1950 a 2000)

Como romper o isolamento?

É muito comum pensarmos que, se cada um fizesse a sua parte, a realidade seria outra. É verdade que cada um deve ter a consciência de que pode mudar pelo menos o que está dentro de si, seus pensamentos e atitudes e influenciar o ambiente a sua volta. Mas, juntos, fazemos muito mais e melhor, como diz o poeta e compositor mineiro Beto Guedes, na música *Sal da Terra*

> *...Vamos precisar de todo mundo, prá banir do mundo a opressão... um mais um é sempre mais que dois, pra melhor juntar as nossas forças é só repartir melhor o pão...*

Como os educadores ambientais e os educadores têm realizado esse fazer coletivo?

Mesclando poesia com os números do diagnóstico da REPEA (Gráfico 9), as pessoas ainda apresentam baixo percentual de articulação e interação. Destaca-se, porém, sua atuação junto às ONGs (17%). O ISER– Instituto de Estudos da Religião - e o Ministério do Meio Ambiente realizaram uma pesquisa nacional de opinião "O que o brasileiro pensa do meio ambiente e o consumo sustentável" em 1992, 1997 e 2001. Nesta última, baseada em 2000 entrevistas, 70% da população brasileira afirma ter simpatia pelo trabalho das organizações ecológicas. Tais dados corroboram o diagnóstico realizado pela REPEA, no qual as ONGs representam expressiva área de atuação de educadores ambientais e sao elemento dinâmico de ligação com o setor público, à medida que o substituem em algumas funções, e fortalecem parcerias e projetos comunitários.

O baixo percentual de pessoas cadastradas que se consideram participantes de Redes deve-se ao fato de que esse conceito ou forma de articulação é bastante novo para a maioria. Esse é um grande desafio para a sobrevivência e expansão da rede, que requer maior aprofundamento em levantamentos futuros de caráter mais qualitativo.

Ao expressar a ainda incipiente articulação das pessoas cadastradas na REPEA, esses dados exigem reflexões mais aprofundadas quanto às razões particulares para essa baixa motivação e abertura à participação social.

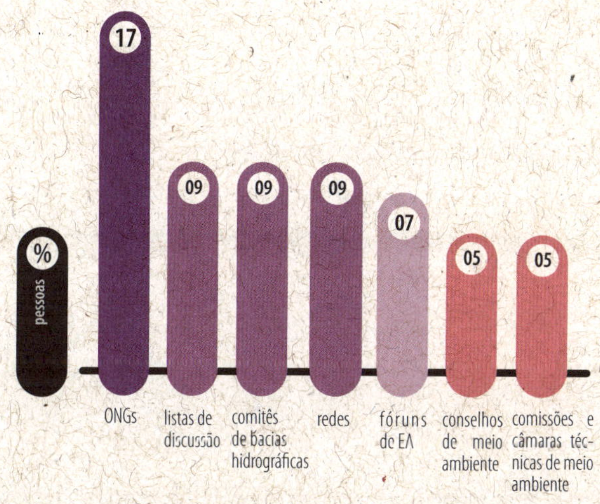

Gráfico 9 – Percentual de pessoas cadastradas no banco de dados da REPEA (nov/2003) que se utilizam de diferentes formas de articulação

De que precisamos?

Se um gestor de órgão público dispusesse de recursos para aplicar numa política de Educação Ambiental no Estado de São Paulo ou nas suas UGRHI, no início de 2003, não teríamos dificuldades em apontar as necessidades, mas de consubstanciá-las com dados numéricos de âmbito estadual, regional, muito menos as suas prioridades. Os recursos do FNMA – Fundo Nacional do Meio Ambiente para o projeto *Fortalecendo a REPEA* possibilitaram essas informações.

O diagnóstico identificou que as demandas importantes no Estado de São Paulo são prioritariamente a capacitação dos educadores e o financiamento de atividades em EA, como mostra o Gráfico 10.

Essa carência reflete a falta de uma Política Estadual para a Educação Ambiental. Muitas capacitações são realizadas nas diferentes regiões do Estado, mas sem acompanhamento de seus desdobramentos e contribuições para a melhoria das práticas da EA. Muitas atividades são realizadas no âmbito do ensino formal e não formal, mas não estão sistematizadas. Para atingir um diagnóstico detalhado seria necessária uma ampla pesquisa de campo por todo o Estado para dimensionar e formatar os cursos para educadores em EA, inserida nas problemáticas locais. Quanto maior a pertinência das atividades de EA com as questões socioambientais locais, maior a qualidade dos programas e projetos e conseqüentemente as chances de captação de recursos para sua efetivação, para a qual contribui este diagnóstico.

Os dados também podem ser analisados quanto à diversidade regional, pois, embora as mesmas necessidades tenham sido identificadas por todos, há regiões de maior fragilidade. Não se deve olhar os dados isoladamente, mas confrontá-los com outros, de diferentes fontes.

A capacitação dos gestores e tomadores de decisão, bem como dos formadores de opinião, é considerada por 34% das pessoas cadastradas como uma das prioridades para a efetivação da EA no Estado. Aqueles que conduzem as decisões políticas parecem não entender suficientemente as necessidades coletivas, nas diferentes esferas de poder. É o que também atesta Capra[1]:

Gráfico 10 – Demandas identificadas pelo diagnóstico da EA da REPEA segundo suas prioridades (nov/2003)

> *O reconhecimento de que é necessária uma profunda mudança de percepção e de pensamento para garantir a nossa sobrevivência ainda não atingiu a maioria dos líderes das nossas corporações, nem os administradores e professores das nossas grandes universidades.*

O acesso às informações necessárias para a atuação dos educadores ambientais aparece como prioridade para 33% desses educadores e educadores ambientais. A transparência do poder público ou privado quanto às informações concernentes às problemáticas locais é fator preponderante para a boa qualidade dos programas ou atividades em EA.

A geração de indicadores de EA mostrou-se importante para a prática da EA de 23% dos educadores cadastrados. Esses indicadores,

[1] CAPRA, F., *A Teia da Vida*, Cultrix, São Paulo, 1996, p24.

quantitativos e/ou qualitativos, deveriam ser levados em consideração, quando da elaboração de projetos ou atividades de EA, para nortear a análise, os caminhos e as decisões, necessários ao fortalecimento e qualidade das iniciativas. O baixo percentual é um indicativo de que as atividades nem sempre são resultado de pesquisa das problemáticas locais nem da avaliação da efetividade de atividades desenvolvidas. O diagnóstico é um indicador útil a todas as pessoas e instituições que pretendam desenvolver programas, projetos ou outras atividades em EA.

A atuação em rede otimiza o processo de troca de experiências, de parcerias para o desenvolvimento de projetos, união em prol da efetivação de uma política estadual e nacional de educação ambiental, levando à emergência de uma participação cidadã pró-ativa.

As Figuras 2 e 3 mostram o colorido regionalizado de algumas das demandas da EA no Estado de São Paulo apontadas pelas pessoas cadastradas no banco de dados da REPEA, em novembro de 2003. Os números das legendas expressam o percentual de pessoas cadastradas nas UGRHI que apontaram as demandas como primeira prioridade.

As tonalidades mais escuras sinalizam as regiões com maior percentual de pessoas que identificaram essa prioridade. Confrontando-se essas imagens com as do IDH – Índice de Desenvolvimento Humano – aplicado ao Estado de São Paulo[2] ou na publicação da Secretaria de Estado do Meio Ambiente de São Paulo "Informações básicas para o planejamento ambiental", de 2002, verifica-se que as regiões com maior número de municípios com médio desenvolvimento humano, ou seja, mais carentes no que diz respeito à longevidade ou esperança de vida ao nascer, educação e renda, em geral, coincidem com as áreas mais escuras do mapa.

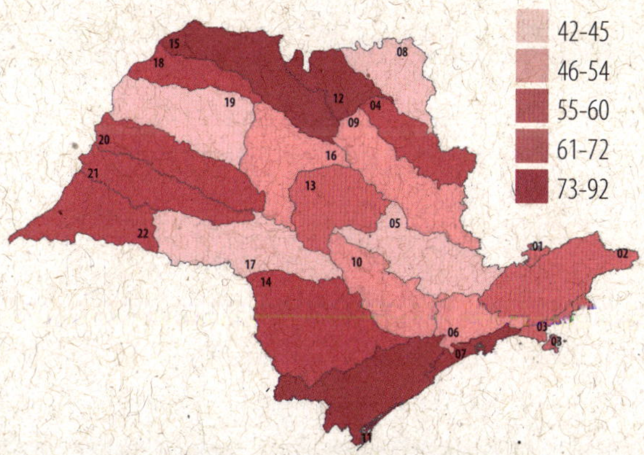

Figura 2 – Percentual de pessoas cadastradas que identificaram como demanda a capacitação dos educadores em EA seguindo a diversidade regional das UGRHI (REPEA/nov/2003)

[2] www.eatlas.sp.gov.br

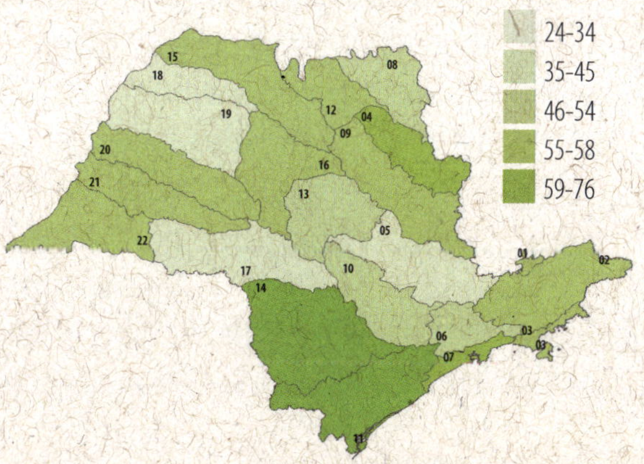

Figura 3 – Percentual de pessoas cadastradas que identificaram como demanda o financiamento das atividades em EA, seguindo a diversidade regional das UGRHI (REPEA/nov/2003)

Temas

O conhecimento pertinente é o que é capaz de situar qualquer informação em seu contexto e, se possível, no conjunto em que está inscrita[3]

O Gráfico 11 mostra os temas considerados prioritários em EA. Pergunta-se: as questões ambientais locais das UGRHIs são desenvolvidas com base na realidade regional?

Os mapas apresentam os temas relacionados às atividades dos educadores e educadores ambientais nas 22 UGRHIs do Estado de São Paulo, gerados com a colaboração do Laboratório de Informações Geológicas do Instituto de Geociências da Universidade de São Paulo e do Departamento de Gerenciamento de Dados Ambientais/ Coordenadoria de Planejamento Ambiental Estratégico e Educação Ambiental da Secretaria de Estado do Meio Ambiente de São Paulo. As tabelas e gráficos do diagnóstico foram transformados em imagens para visualização espacial e compreensão da sua magnitude numérica, sob a óptica da diversidade das vocações e necessidades regionais, e para facilitar a interpretação dos dados no âmbito das UGRHIs. Os números maiores ou percentuais aparecem associados às tonalidades mais fortes das cores e, à medida que os números decrescem, as cores se tornam mais claras. Ao observar o mapa, percebe-se onde há maior ou menor participação das pessoas ou demandas. As cores não devem ser interpretadas como comparação para estabelecer o nível de desempenho e sim como uma sinalização dos inúmeros aspectos inerentes às realidades regionais.

A Figura 4 exibe os dados relativos à atuação das pessoas cadastradas frente às questões do Manejo e Conservação dos Recursos Hídricos. As UGRHIs que apresentam as tonalidades mais escuras de azul são aquelas em que essa temática é abordada por maior percentual de pessoas. À medida que a tonalidade se torna mais clara, o percentual diminui. Os dados do diagnóstico não devem ser analisados isoladamente e sim sobrepostos ou confrontados com outros, de diferentes fontes, para que a Educação Ambiental se insira em um contexto. Assim, podemos associar os dados ao mapa da vulnerabilidade das águas subterrâneas do Estado e às infor-

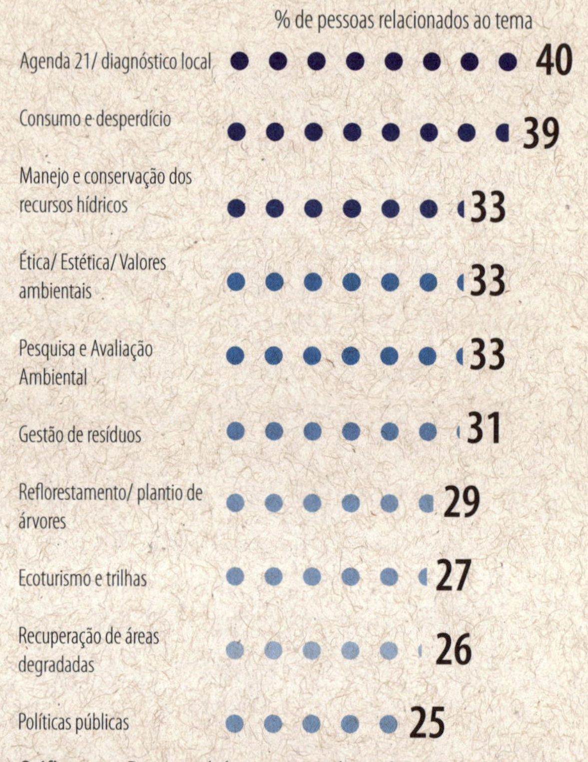

Gráfico 11 – Percentual de pessoas cadastradas cujas atividades em EA estão relacionadas aos temas citados

[3] MORIN, E., *A cabeça bem-feita: repensar a reforma, reformar o pensamento*, 5ª ed., Bertrand Brasil, 2001, p15.

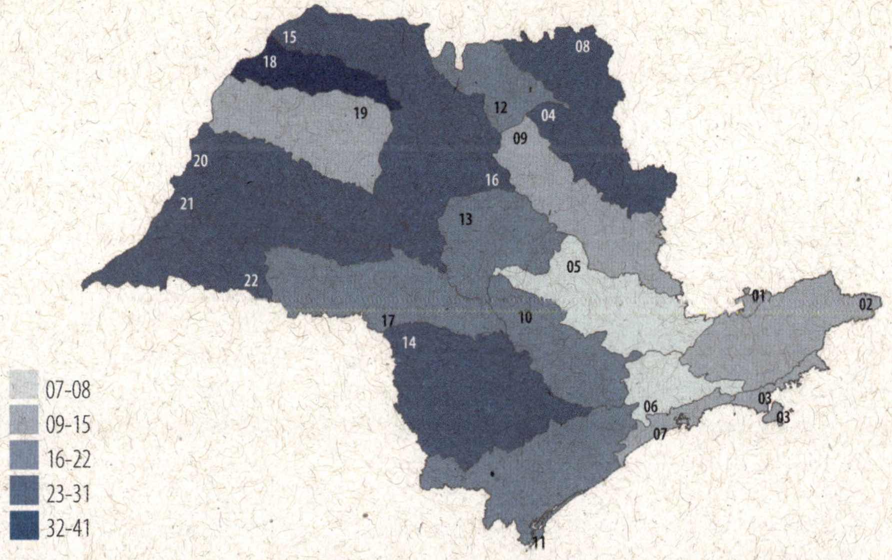

Figura 4 – Percentual de pessoas cadastradas que têm sua atuação em EA relacionada ao tema Manejo e Conservação dos Recursos Hídricos (REPEA, novembro/2003)

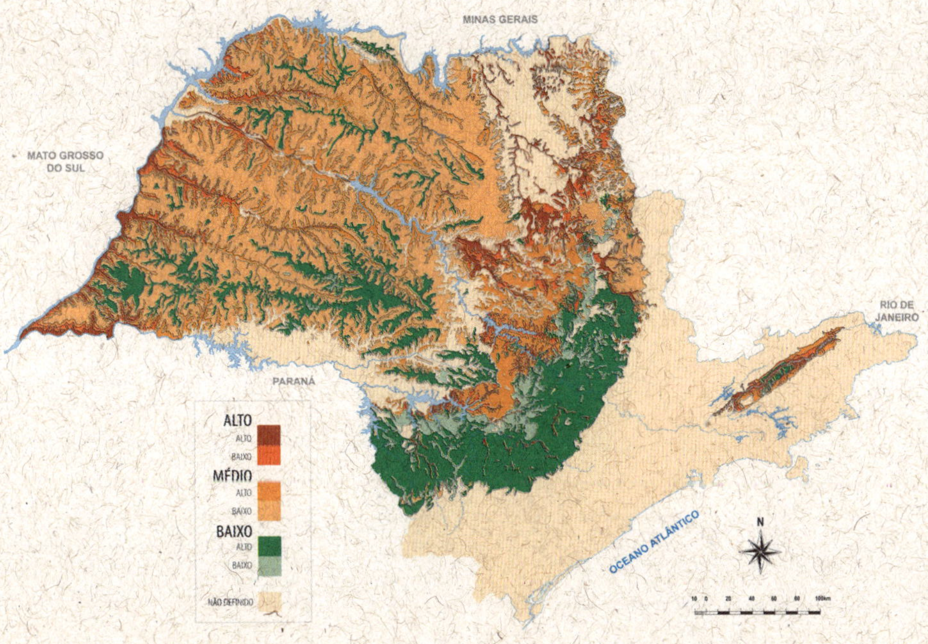

Figura 5 – Mapa da vulnerabilidade das águas subterrâneas do estado de São Paulo (DAEE, 1999)
Síntese do Relatório de situação dos Recursos Hídricos do Estado de São Paulo: DAEE, 1999

mações da CETESB no Relatório de Qualidade das Águas Interiores do Estado de São Paulo, publicado anualmente. Pode-se ainda associar ao manejo e conservação dos recursos hídricos os temas: consumo e desperdício, uso e ocupação do solo e saneamento.

Na Figura 5 as áreas em laranja e vermelho correspondem às que apresentam de média a alta vulnerabilidade das águas subterrâneas. Elas coincidem com as que apresentam também maior suscetibilidade à erosão. Sobrepondo-se tais dados aos da REPEA, pode-se verificar que grande parte das UGRHIs situadas nessas áreas vulneráveis possuem percentuais mais elevados de pessoas atuantes na conservação dos recursos hídricos (Figura 4) e uso e ocupação do solo (Figura 6). Nessas áreas se desenvolve atividade econômica predominantemente agropecuária e o abastecimento de água depende em grande parte de água subterrânea. Isso indica a adequação do tema abordado por esses profissionais frente às problemáticas regionais. O diagnóstico não verifica a efetividade das ações desenvolvidas. No que diz respeito à qualidade das águas superficiais, monitoradas pela CETESB, preocupa a situação das UGRHI 5 e 6, cujos mananciais se classificam em grande parte entre ruim e péssimo, numa região altamente industrializada e com abastecimento de água bastante comprometido pelo consumo excessivo e tratamento insuficiente dos efluentes domésticos e in-

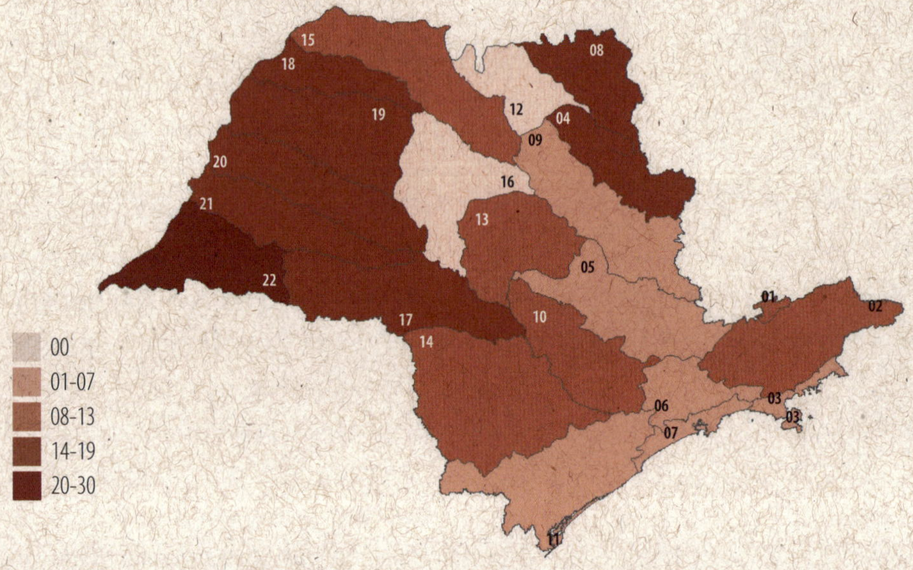

Figura 6 - Percentual de pessoas cadastradas que têm sua atuação em EA relacionada ao tema Planejamento do uso do solo (REPEA, novembro/2003)

dustriais. A Figura 4 mostra que essas duas regiões apresentam menores percentuais de pessoas atuantes com essa temática. Numericamente os dados de ambas são os maiores dentre todas as UGRHIs, porém, os percentuais são mais baixos devido à baixa relação entre o número de pessoas que atuam com o tema e o total de pessoas cadastradas na UGRHI. Pergunta-se: mesmo com percentuais mais baixos, esse atuar em EA é efetivo diante da realidade socioambiental local? A EA nessas regiões tem sido incrementada pela formação da primeira Câmara Técnica de EA em um Comitê de Bacias Hidrográficas, que é o caso da UGRHI 5, bem como pela alocação de 70% (R$ 18,4 milhões) dos recursos do FEHIDRO – Fundo Estadual de Recursos Hídricos, destinados à UGRHI 6, para a Educação Ambiental e Planejamento/Gestão de 1994 a 2003. Os recursos do FEHIDRO se originam do pagamento dos *royalties* provenientes do setor energético e têm sido aplicados na implementação de projetos nos Comitês de Bacias a fim de efetivar a Política Estadual de Recursos Hídricos. A instituição da cobrança pelo uso da água deverá incrementar esses recursos.

A questão do Consumo e Desperdício, ante-

Informações mais detalhadas no site www.cetesb.sp.gov.br. O site www.eatlas.sp.gov.br fornece a opção de mapas do Estado relacionados a diversos temas e o http://www.seade.gov.br/produtos/anuario/index.htm apresenta o anuário estatístico do Estado de São Paulo.

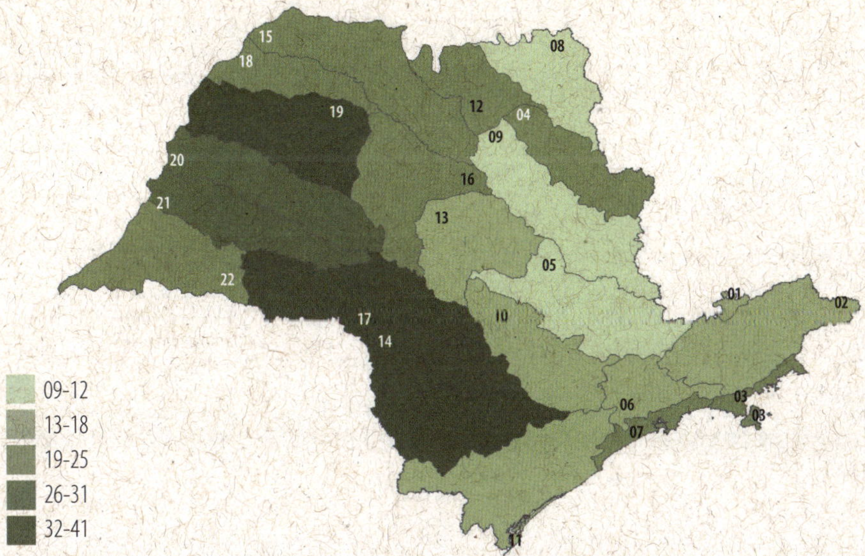

Figura 7 - Percentual de pessoas cadastradas que têm sua atuação em EA relacionada ao tema Consumo e Desperdício (REPEA, novembro/2003)

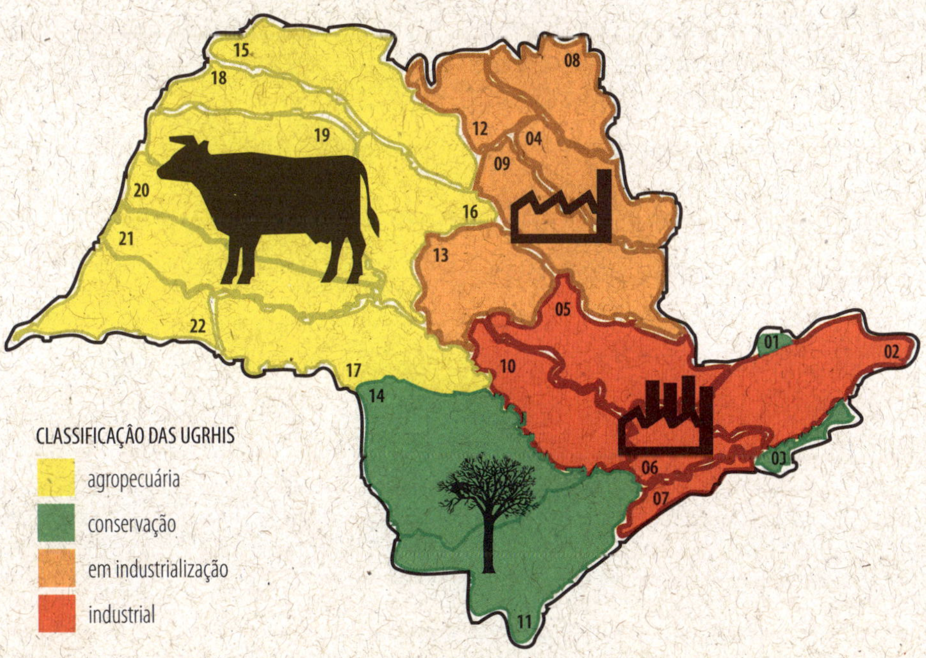

Figura 8 – Classificação das UGRHI quanto à vocação econômica (Relatório de Qualidade das Águas Interiores do Estado de São Paulo 2003: CETESB, 2004)

riormente relacionada ao manejo e conservação dos recursos hídricos, pode ser associada à vocação econômica das UGRHIs. Assim, sobrepondo os mapas das Figuras 7 e 8, verifica-se que as regiões mais industrializadas ou em industrialização, situadas a leste do Estado, são menos sensíveis às questões relativas ao consumo e desperdício. Questiona-se: as atividades industriais dessas regiões seriam incompatíveis com os padrões de consumo? Será que as pessoas vêem a mudança desses padrões como ameaças ao desenvolvimento local e à qualidade de vida? Tais padrões não estariam alimentando os conflitos sociais, principalmente nas cidades mais industrializadas? Outras perguntas poderiam ser feitas e a riqueza está na multiplicidade das visões a respeito de um mesmo objeto, o que pode desencadear processos de transformação. Além de pensar, é preciso agir, com coerência, caso contrário, as transformações não se efetivam. Da identificação do problema às ações para sua solução é que a Educação Ambiental desempenha seu papel catalisador.

As questões relativas ao saneamento não aparecem entre os 10 temas mais abordados pelos educadores e educadores ambientais, embora diretamente relacionadas à mortalidade infantil, às doenças de veiculação hídrica e outras, à estética ambiental. Por quê? Será que é um tema mais pertinente à atuação dos gestores públicos que à dos educadores e educadores ambientais? A Figura 9

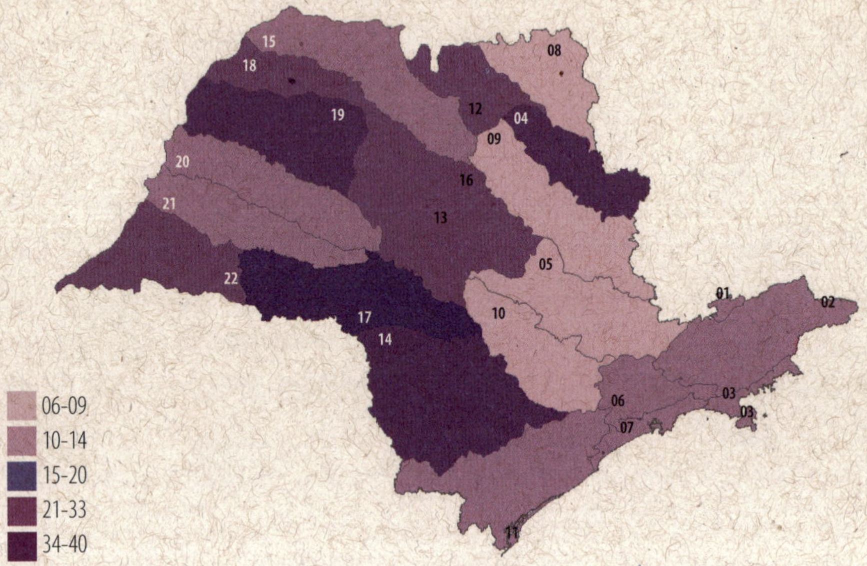

Figura 9 - Percentual de pessoas cadastradas que têm sua atuação em EA relacionada ao tema Saneamento (REPEA, novembro/2003)

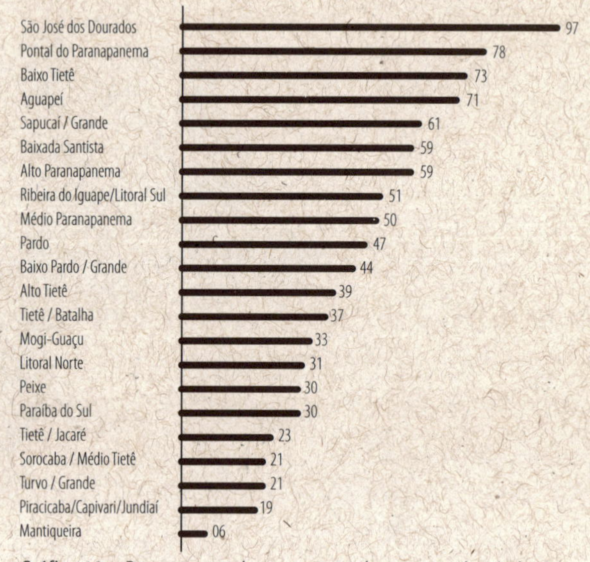

Gráfico 12 – Porcentagem de tratamento dos esgotos domésticos nas UGRHI no Estado de São Paulo (Relatório de Qualidade das Águas Interiores do Estado de São Paulo 2003: CETESB, 2004)

exibe o percentual de pessoas que têm sua atuação em EA associada ao tema saneamento, segundo dados do diagnóstico da REPEA, em novembro de 2003. Como explicar as razões para esse atuar tímido? Qual informação poderia estimular a abordagem desse tema nas atividades em EA? O Gráfico 12 expõe os baixos percentuais de tratamento do esgoto doméstico nas UGRHIs e a Tabela 7 informa que o destino dos resíduos sólidos de 179 municípios, dos 645 do Estado, ainda permanecia inadequado em 2003. Tais dados possibilitam identificar a pertinência do tema saneamento aplicado à realidade da região ou UGRHI.

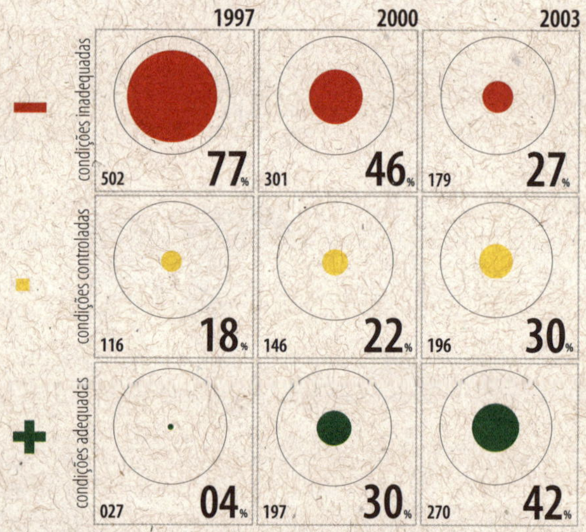

Tabela 7 - Destinação final dos resíduos sólidos domiciliares nos municípios do Estado de São Paulo 1997 a 2003 (Inventário Estadual de Resíduos Sólidos Domiciliares – Relatório de 2003: CETESB, 2004)

Instituições

Quantas são e onde estão as instituições cadastradas?

No início do projeto *Fortalecendo a REPEA,* havia 45 instituições cadastradas. Em 6 meses de coleta passaram a 455, muitas delas atuantes em mais de uma UGRHI. É baseado nesse número que serão analisados os resultados do Diagnóstico da EA do Estado de São Paulo.

Que instituições estão cadastradas?

As instituições cadastradas foram classificadas por categoria (Gráfico 13). As escolas, públicas e privadas, correspondem a 23% e 4% e, juntas, representam 27% dos cadastros de instituições no Banco de Dados da REPEA, em novembro de 2003. As instituições governamentais participam com 21% e incluem as Coordenadorias de Educação, Departamentos Municipais de Ensino, Centros de Educação Ambiental, Secretarias Municipais de Educação, Meio Ambiente e Turismo, Departamentos de Água e Esgoto dos Municípios, SABESP, Departamento de Limpeza Urbana de alguns municípios, Diretorias de Ensino, Secretaria Estadual de Educação, Núcleos Regionais de Educação Ambiental, Polícia Militar Ambiental, Prefeituras e Zoológicos.

As empresas privadas, muitas de consultoria em Educação Ambiental, contribuem com 16% dos cadastros e as ONGs, com 14%. As Universidades Públicas com 8% e as Privadas com 6%. Outros, que incluem as Associações, Partido Político, Sindicatos, Federação de Bandeirantes, etc., com 6%. Os 3 Comitês de Bacias Hidrográficas e as Redes correspondem, cada um, a 1% dos cadastros.

Os dados evidenciam a presença mais destacada – o dobro - da iniciativa pública/governamental (52%) sobre a iniciativa privada (26%). É também significativa a participação das ONGs (14%), demonstrando que há lacunas não preenchidas pelos agentes ligados ao Estado e ao mercado, o que justifica a emergência e o crescimento recente do terceiro setor.

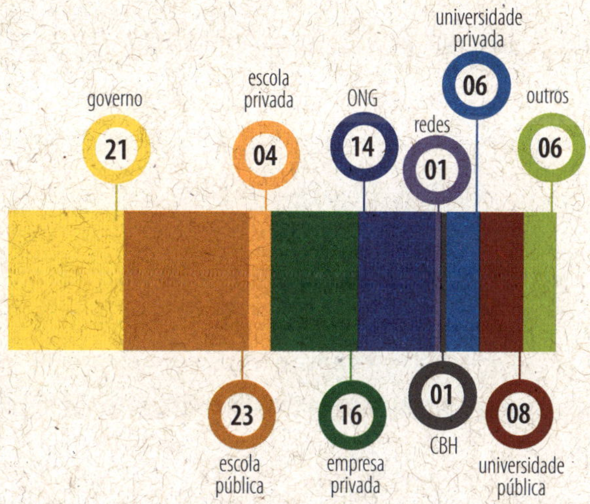

Gráfico 13 – Percentual de participação das instituições cadastradas na REPEA em novembro/03.

Como essas instituições desenvolvem suas atividades em EA?

As metodologias são variadas, conforme mostra a Gráfico 14.

A sensibilização aparece como primeiro passo para a reflexão e efetivação das mudanças, que são objetivo da Educação Ambiental.

A capacitação em espaço formal aparece como uma das metodologias mais utilizadas pelas instituições, vindo ao encontro da demanda identificada pelos educadores (Gráfico 10 deste capítulo).

Recorrendo a diversos caminhos pedagógicos, artísticos e políticos, as instituições buscam levar a EA à sociedade como um todo. Estudos qualitativos complementares podem ajudar a conhecer melhor esses procedimentos metodológicos.

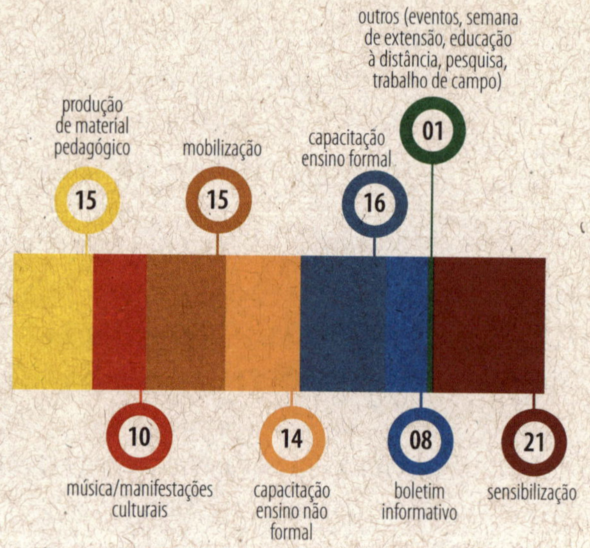

Gráfico 14 – Percentual de participação das metodologias nas atividades de EA das instituições cadastradas na REPEA

Quais as fontes de informação utilizadas por essas instituições?

A Internet, por 78%, as bibliotecas públicas, por 67%. 61% das instituições informaram possuir bibliotecas próprias. O acervo de informações do setor privado é utilizado por somente 39% das instituições cadastradas. O Gráfico 15 exibe esses resultados. As instituições buscam complementar as informações de que necessitam nas bibliotecas públicas, próprias e privadas, já que a Internet nem sempre possibilita o aprofundamento que certos temas exigem.

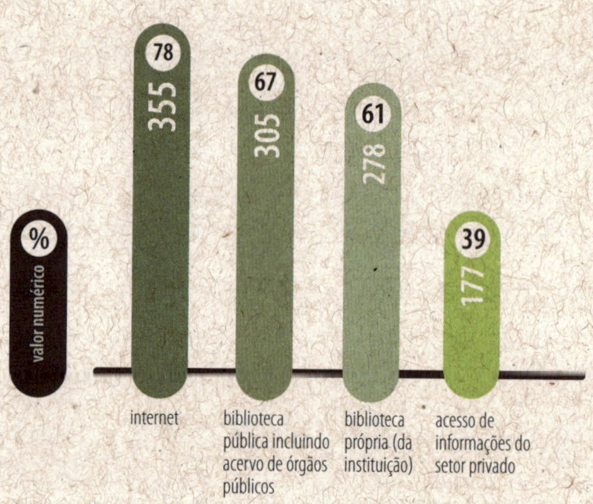

Gráfico 15 - Fontes de informações utilizadas pelas instituições cadastradas na REPEA

Como essas instituições se articulam?

Diferentemente das pessoas, as instituições cadastradas possuem maior percepção ou *sentimento de pertencimento* à Rede (46%). A articulação com os Comitês de Bacias Hidrográficas ocorre em 40% dessas instituições e com as ONGs, em 30%. Gráfico 16 detalha a participação das instituições nas diferentes instâncias de articulação. É animador constatar o comportamento participativo das instituições, porém, os dados também apontam a dimensão do desafio que temos pela frente no processo de expansão da REPEA. Levantamentos futuros possibilitarão comparar séries de dados e avaliar a tendência histórica do comportamento institucional referente ao sentimento de pertencimento.

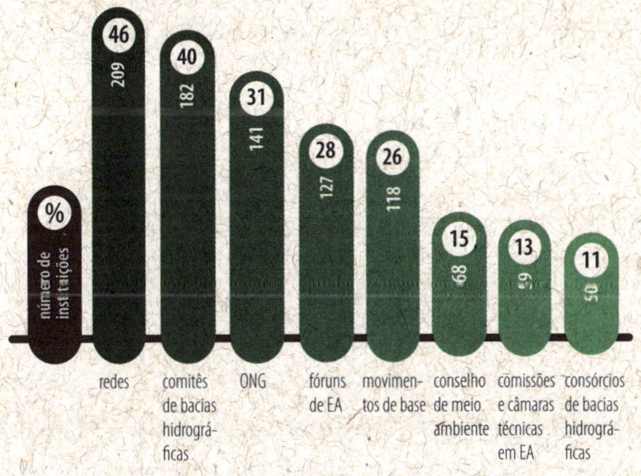

Gráfico 16 - Instâncias de articulação das instituições cadastradas na REPEA

Refletir e agir!

Os dados, reflexões e indagações apresentados cumprirão sua finalidade, se contribuírem para estimular educadores e educadores ambientais na sua missão de despertar consciências e talentos, inspirar pessoas a trilharem os caminhos da transformação pessoal e, por conseqüência, do seu entorno, tornando-as capazes de atuar, buscar soluções e, coletivamente, construir realidades mais felizes para suas vidas.

DIFERENTES OLHARES

CONSIDERAÇÕES SOBRE O DIAGNÓSTICO DA REDE PAULISTA DE EDUCAÇÃO AMBIENTAL

Gustavo Lima

Gustavo Lima é sociólogo do departamento de Ciências Sociais da Universidade Federal da Paraíba e doutorando em Ciências Sociais no IFCH/UNICAMP. Sua tese tematiza a formação do campo da EA no Brasil. Email: gust3lima@uol.com.br

Introdução

Vivemos contemporaneamente em uma sociedade complexa e diversificada onde é cada vez mais difícil reunir pessoas em torno de um objetivo comum.

Num ensaio recente publicado pela revista *Vida Simples*, Cindy Wilk considera que *as pessoas preferem ficar sozinhas porque se sentem com cada vez menos coisas em comum com os demais* (WILK, 2004:27).

O sociólogo alemão Norbert Elias, refletindo sobre o processo de individualização do ser humano nas sociedades contemporâneas, afirma: *Internamente, o indivíduo tem a sensação de ser uma coisa separada, de existir sem relação com outras pessoas* (ELIAS APUD WILK).

O espaço público no qual convivemos e onde elaboramos as soluções para nossos problemas individuais e comunitários atravessa um momento de especial fragilidade, seja pelo crescimento do individualismo a que fizemos referência, seja pelo avanço da esfera dos interesses privados sobre a esfera pública.

Nesse contexto de crise social plural, a noção e a proposta de rede ganham um significado especial porque favorecem a articulação de pessoas e de instituições em torno de objetivos comuns de forma horizontal e democrática e porque estimulam o aprendizado de novas formas de sociabilidade.

Importância do diagnóstico

A educação ambiental, como um novo campo de atividade e saber, dispõe ainda de poucas iniciativas voltadas à caracterização de suas especificidades e tendências.

Diagnosticar é conhecer a realidade na qual atuamos e sobre a qual intencionamos intervir. Supõe um exercício de discernimento que nos fornece um mapa da realidade-mundo onde vivemos. Fala sobre nossa identidade, caracteriza nossa ação, permitindo avaliá-la e dirigi-la conscientemente para os objetivos desejados, compreender o presente e planejar o futuro.

Alguns resultados relevantes

Entre a grande quantidade de dados levantados pelo Diagnóstico da Rede Paulista de Educação Ambiental – REPEA alguns me despertaram uma atenção especial.

O levantamento demonstrou que as práticas de educação ambiental se desenvolvem predominantemente nas instituições do setor público – agências, universidades e escolas estatais - e menos nas instituições privadas – empresas, escolas e universidades. Esse dado revela um potencial democratizante e distributivo que facilita o acesso da população às práticas educativas voltadas ao ambiental.

Os dados indicam maior diversidade de categorias sociais envolvidas nas atividades de educação ambiental do que era previsto pela pesquisa. Os educadores *stricto sensu* vinculados ao ensino infantil e fundamental e os universitários não se identificaram com as categorias definidas pela pesquisa e deixaram de responder a algumas perguntas do questionário. Se, por um lado, isso representa uma perda de dados, por outro, mostra o crescente potencial de atração da educação ambiental sobre uma grande diversidade de categorias sociais.

A pesquisa mostrou ainda que o nível de

articulação e participação social dos informantes ainda deixa a desejar. Esse dado pode indicar o nível ainda incipiente de desenvolvimento da cultura de rede e a necessidade de fortalecer a consciência de que a rede não tem vida própria, mas depende da solidariedade e responsabilidade de seus participantes.

Outro problema diz respeito à baixa compatibilidade entre as atividades desenvolvidas pelos projetos de educação ambiental e os problemas locais, que pode expressar a dificuldade de os grupos locais reconhecerem sua própria realidade.

Debate-se, nesse sentido, a necessidade de os grupos locais refletirem coletivamente sobre sua identidade regional para elaborar, em sentido freireano, *a leitura do seu mundo* e encontrar *a sua palavra*, que, neste caso, significa a capacidade de construir respostas particulares compatíveis à sua situação vivida.

O processo reflexivo implica desconstruir o excesso de normatividade que permeia o discurso dos educadores ambientais, sempre muito preocupados com o que a EA "deve ser" ou "tem que ser". Creio que a normatização tende a distanciar os educadores da percepção de sua realidade vivida.

Um último ponto preocupante é a escassa exploração de temas relacionados à saúde, ao saneamento e às políticas públicas. Esses, entre outros resultados, precisariam ser analisados por uma pesquisa qualitativa capaz de esquadrinhar as representações sociais e os significados que justificam o comportamento do público considerado.

Necessário, explicitar a concepção que os informantes têm sobre meio ambiente e questão ambiental, isto é, se concebem o meio ambiente como natureza em sentido estrito, dificilmente tratam os problemas de saúde pública, de saneamento e de mortalidade infantil, por exemplo, como problemas ambientais.

Com relação às políticas públicas, os resultados podem também indicar baixo nível de politização da questão ambiental entre os cadastrados, significando que a via política não é considerada como possibilidade de solução para os problemas ambientais ou que a credibilidade do governo e de suas agências não está à altura das expectativas comunitárias.

Os próximos passos

O diagnóstico é componente inicial de uma construção maior que supõe uma dinâmica e uma continuidade. Há aspectos da REPEA que ainda desconhecemos e outros que conhecemos insuficientemente e precisamos aprofundar. Há igualmente a necessidade de acompanhar a dinâmica de suas transformações ao longo do tempo, produzindo séries históricas de dados que possibilitem comparar os resultados atuais com os que levantaremos em outros momentos.

O presente texto apenas analisa sinteticamente o que o leitor encontrará com maior riqueza de detalhes no próprio corpo do Diagnóstico da REPEA que agora é apresentado ao grande público. Trata-se de um instrumento orientador para a construção da Rede Paulista de Educação Ambiental – REPEA. Contudo, ele não tem vida própria, depende da capacidade daqueles que dele se apropriarem para manifestar todo o potencial que possui. Os que dele participaram desejam que a REPEA cresça, crie raízes fortes e tenha uma longa e promissora vida.

PARA LER O RELATÓRIO DA REPEA: EDUCAÇÃO AMBIENTAL EM RE-CONSTRUÇÃO

Fábio Cascino

Fabio Alberti Cascino, pedagogo, doutor em educação, professor da UNIBERO, pesquisador em interdisciplinaridade e educação ambiental. Email: fcascino@uol.com.br

Agir para a transformação em um mundo de imposições e controles, como ocorre nesta contemporaneidade, requer muito mais do que formação técnica e conceitual. Requer atitude, ousadia e determinação, atributos de força; requer também perseverança e serenidade, atributos de sensibilidade. Requer, em síntese, aquilo que podemos chamar de sabedoria.

Vou direto ao ponto: ler este relatório causa impacto. De um lado, notamos o grande crescimento das atividades de educação ambiental que, comprova-se, ocorre em todo o Estado de São Paulo - um movimento que decorre de um amplo movimento nacional, fruto de um processo engendrado a muitas mãos. De outro lado, notamos quanto ainda caminhamos com base nas primeiras representações de EA, nas fórmulas afeitas ao meio natural - rios, matas, animais, lixo -, principalmente na consideração de um receituário preso aos livros didáticos e aos manuais.

Afirmo isso com base nos dados que apontam para práticas de EA em desacordo com as necessidades e problemas primários das diversas regiões do Estado. Emerge desse texto que não fomos ainda capazes de incorporar as questões sociais e políticas em nossas ações, tampouco fizemos a lição de casa quanto à tarefa central da educação, a partir da EA, que é a formação e a conscientização, o exercício da criticidade na direção da realização do ser cidadão. Ficamos em geral presos à militância ambientalista reduzida a ações de mobilização em relação a emblemas já muito conhecidos, chavões supercitados, sem a leitura crítico-política da realidade que nos circunda.

SANTOS, Milton. *Território e Sociedade: entrevista com Milton Santos.* São Paulo, Fundação Perseu Abramo, 2000. p.52

Essa realidade não pode ser outra que aquela que ocorre ao nosso redor, em nossa maior proximidade, diretamente a partir de nossos meios relacionais. É no local, em nosso território imediato que firmamos nossa identidade. Nele emerge todo um possível de consciência territorializada - suporte à educação em toda as direções. Vem de Milton Santos (2000) o esclarecimento: *O mundo não existe em si, o mundo existe para os outros. É o lugar que dá conta do mundo. Há nele uma empiricização do mundo(...).*

FREIRE, Paulo. *A Pedagogia da Autonomia.* Rio de Janeiro, Paz e Terra, 1997 p.90

Dessa forma, leio e releio textos e falas, vejo o que há em volta, quero entender e decodificar, estudo, comento e formulo críticas e nesse caminhar aprendo e reconstruo o já aprendido. A construção da educação é uma constante de busca... O infinitamente compreensível dialoga sempre com o infinitamente incompreensível. Por isso, não posso jamais decretar um final; não posso também decretar este ou aquele início. Em meio ao processo, a constante de localização.

Paulo Freire indica que o ato de aprender nasce na leitura do mundo. Este é a leitura da palavra que o carrega e o contempla. A confecção do mundo se dá na confecção da palavra. Prenhe de significados, a leitura da palavra é a interpretação e a intervenção sobre o mundo, no mundo. Ler a palavra que fala do mundo é a pista que possibilita a inserção do sujeito que o constrói e decodifica. O ato de decodificar a palavra é o ato de decodificar o mundo - a palavra-mundo.

> *Como educador preciso de ir "lendo" cada vez melhor a leitura do mundo que os grupos populares com quem trabalho fazem de seu contexto imediato e do maior de que o seu é parte.* (Freire, 1997)

A construção da educação ambiental deve

se dar na construção de leituras de mundo. As palavras-mundo imersas no respeito às relações humanas, no equilíbrio socioambiental, na preservação das reservas e recursos naturais devem orientar práticas de formação para uma vida em equilíbrio. É a defesa intransigente da vida, como afirmação ética, que deve fundamentar toda ação na educação ambiental. E esta afirmação da vida condiciona a leitura da palavra que lê o mundo, recriando. A transformação do mundo é a sua criação.

A tarefa de re-construção da educação ambiental, ou de sua contínua construção, passa pela afirmação de sua localidade. Esta indica a necessidade de um olhar para o que está ao redor, um ambiente conhecido no qual estamos inseridos e ao mesmo tempo um ambiente estranho a nós. Um duplo olhar: familiaridade e estranhamento, que pode e deve emergir a afirmação de localidade, centro de toda pertinência. Sem esta não há sustentação possível ao ato educativo. Sem esta não se afirma a territorialidade fundante para a afirmação da consciência crítica. Sem esta a educação ambiental se dará como abstração/ideação. A criação educativa é ação, vinculada essencialmente com as condições reais de vida. Educação ambiental é afirmação de vida e como tal deve comemorar aquela que nos envolve diretamente, para que seu calor, ao nos envolver, nos embale no doce sonho de sua perpetuação.

DIAGNÓSTICOS CONTRIBUINDO COM A EDUCAÇÃO AMBIENTAL

Luzia Sigoli Fernandes Costa

Luzia Sigoli Fernandes Costa, formada em Biblioteconomia, com mestrado em Engenharia de Produção é professora do Departamento de Ciências da Informação na Universidade Federal de São Carlos - UFSCar. Email: luziasigoli@terra.com.br

Por mais que qualquer realidade se apresente de forma furtiva, esquivando-se constantemente ao nosso olhar, estamos sempre ávidos por desvelá-la, conhecê-la, compreendê-la e, sempre que necessário, transformá-la. E, quase sempre, é esse o intuito que nos leva a desencadear um processo de geração de conhecimento. E, quando o produto desse processo torna-se acessível à sociedade, já começa a se cumprir a sua promessa transformadora, feito um rótulo que, ao estampar um lugar uma vez conhecido, mesmo que longínquo, não passará jamais despercebido aos nossos olhos. O conhecido nos persegue e nos chama a reflexão, cada vez que nos é reapresentado, mesmo que em diferentes contextos.

Entendo a produção de um diagnóstico como uma forma de gerar e apresentar um novo conhecimento. Ressalvando que este conhecimento por estar, necessariamente, condicionado a um determinado lugar e momento histórico passa a ser fruto incondicional da relação tempo/espaço e, portanto, com pouco poder de generalizações, mas nem por isso menos valioso. De fato, um diagnóstico tem a capacidade não só de nos mostrar um estado de coisas, em um determinado momento histórico, mas principalmente de nos incitar à busca de tantas outras... de conferir o que permanece e de observar o que mudou. Nessa perspectiva, vejo o *Diagnóstico da Educação Ambiental do Estado de São Paulo* como um marco na trajetória da educação ambiental paulista e, mais do que isso, o ponto de partida rumo a um longo caminhar no sentido construir um importante sistema de informação que, para se manter vivo, é preciso que seja alimentado periodicamente, constantemente. A continuidade do processo desencadeado por este diagnóstico, que permitiu o registro de um dado momento, torna-se imprescindível para o acompanhamento da dinâmica da Educação Ambiental no Estado de São Paulo por meio da edição de séries longitudinais de dados históricos, que se tornarão cada vez mais consistentes e representativos da realidade mutante da temática a que se refere.

Assim, percebo sua grande potencialidade para a disseminação de dados e informações que possam servir de subsídios para que sejam desenvolvidas, posteriormente, as análises por diferentes áreas de conhecimento. Agregando, assim, os sentidos e significados que cada contexto permite revelar e contribuir com a produção de novos saberes, cuja difusão passa a ser facilitada pela formação e consolidação das redes de conhecimento. Ao observar a função das redes, ao longo do tempo, podemos refletir sobre o seu potencial papel para solucionar questões de acessibilidade e de democratização do acesso à informação e ao conhecimento. Vistas por esse prisma, as redes, agora menos institucionalizadas, podem significar o aumento das possibilidades de participação política dos cidadãos, oportunizando espaços de trocas de idéias, opiniões e formação de senso crítico, ao mesmo tempo em que fomentam a liberdade de expressão dos divergentes, de forma inclusiva. Por serem possuidoras desses atributos, as redes podem contribuir, decisivamente, para a construção daquilo que Boaventura de Souza Santos nos chama atenção em seu livro A crítica da razão indolente: contra o desperdício da experiência, da necessidade de construirmos e socializarmos um conhecimento que seja prudente para que possamos, agora e no futuro, ter uma vida decente.

Dessa maneira, insisto em que, embora reconhecendo a grande importância de se dar início a um processo de construção de conhecimento, que sem dúvida, envolve uma grande complexidade, somente um conjunto de diagnósticos trará, de forma contínua e pormenorizada, os elementos necessários para cumprir um objetivo maior: contribuir efetivamente com as ações de Educação Ambiental.

EA NAS BACIAS DO ESTADO DE SÃO PAULO

EA NAS BACIAS DO ESTADO DE SÃO PAULO

Cyntia Helena Ravena Pinheiro

Introdução

Este capítulo reúne mapas das UGRHIs, contendo informações referentes à gestão dos recursos hídricos no Estado de São Paulo*, que servirão como base para a elaboração de mapas diagnósticos, e dados referentes à Educação Ambiental em cada uma das UGRHI, extraídos do Diagnóstico da Educação Ambiental no Estado de São Paulo (2003). Os dados mostram as pessoas que atuam ou poderão atuar na Educação Ambiental em nosso Estado, as temáticas referentes à sua atuação, o público-alvo das ações e as demandas para o fortalecimento da Educação Ambiental em cada região. Procurou-se estabelecer algumas relações entre o atuar em EA e o contexto socioambiental regional. A sobreposição dos mapas, do texto diagnóstico, dos infográficos e dos dados da REPEA está no texto *Análises dos dados*, que é um exercício que possibilita inúmeras interpretações e reflexão sobre a pertinência da atuação em EA no contexto socioambiental local.

Diversos outros aspectos poderiam ser focados, mas a intenção é suscitar no leitor o desejo de fazê-lo. Assim, as linhas no final de cada análise são um convite, um desafio à construção coletiva, à interpretação do cenário regional sob ângulos e visões diferenciadas. É claro que esse espaço não basta, é preciso outros, onde houver, nos rodapés, nas laterais; a obra cria vida e assume o colorido da diversidade das idéias e saberes e promove a reflexão sobre a realidade presente a partir da qual se pretende construir as bases de um futuro melhor.

As legendas dos mapas e as siglas utilizadas encontram-se na contracapa desta publicação.

Documentos utilizados como referência e fontes de dados:

- REPEA, 2003. Diagnóstico da EA no Estado de São Paulo: Fase I – maio a novembro de 2003. Projeto Fortalecendo a REPEA. Elaboração: Cyntia Pinheiro. Revisão: Luzia Sigoli Costa, Gustavo Lima e Mônica Borba. 46p.
- CETESB, 2004. Relatório de Qualidade das Águas Interiores do Estado de São Paulo 2003. São Paulo. v 1: 273p. www.cetesb.sp.gov.br.
- DAEE, 1999.Secretaria de Recursos Hídricos, Saneamento e Obras.Departamento de Águas e Energia Elétrica.Síntese do Relatório de Situação dos Recursos Hídricos do Estado de São Paulo. São Paulo. 53p.:il
- IBGE, 2000. www.ibge.gov.br.
- SMA, 2002. Informações Básicas para o Planejamento Ambiental/ Secretaria do Meio Ambiente, Coordenadoria de Planejamento Ambiental. São Paulo. 84p.

* Os mapas foram gerados a partir do Relatório de Situação dos Recursos Hídricos do Estado de São Paulo - Relatório Zero 1999, elaborado pelos Comitês de Bacias, que integrou o Plano Estadual de Recursos Hídricos – 2000/2003.

MANTIQUEIRA

DIAGNÓSTICO

A UGRHI não apresenta grandes problemas de disponibilidade hídrica superficial em termos globais. Contudo, a bacia do rio Sapucaí pode ser considerada preocupante devido às demandas de Campos do Jordão. Dois municípios apresentam índice de abastecimento de água abaixo de 80%. A UGRHI possui um município com índice de perdas no sistema de abastecimento acima de 30%. A situação da UGRHI é privilegiada quanto aos resíduos sólidos domiciliares com relação ao restante do Estado. Os resíduos de Campos do Jordão e Santo Antônio do Pinhal, que até meados de 1997 eram depositados em lixões, são encaminhados para um aterro industrial e sanitário localizado em Tremembé, operado por empresa particular, com IQR=10. O nível de tratamento da carga orgânica de origem doméstica é baixo. Apenas um município dispõe de lagoa de estabilização. O índice de mortalidade infantil acha-se acima da média do Estado, refletindo o baixo índice de cobertura de rede de esgoto sanitário. Localiza-se totalmente em área de unidades de conservação, com restrições a algumas atividades econômicas. Os escorregamentos que ocorrem principalmente no município de Campos do Jordão são provocados por assentamentos humanos. Revela alta suscetibilidade a inundações em trechos dos rios Sapucaí e Sapucaí-Mirim, principalmente junto a áreas urbanas. (DAEE, 1999)

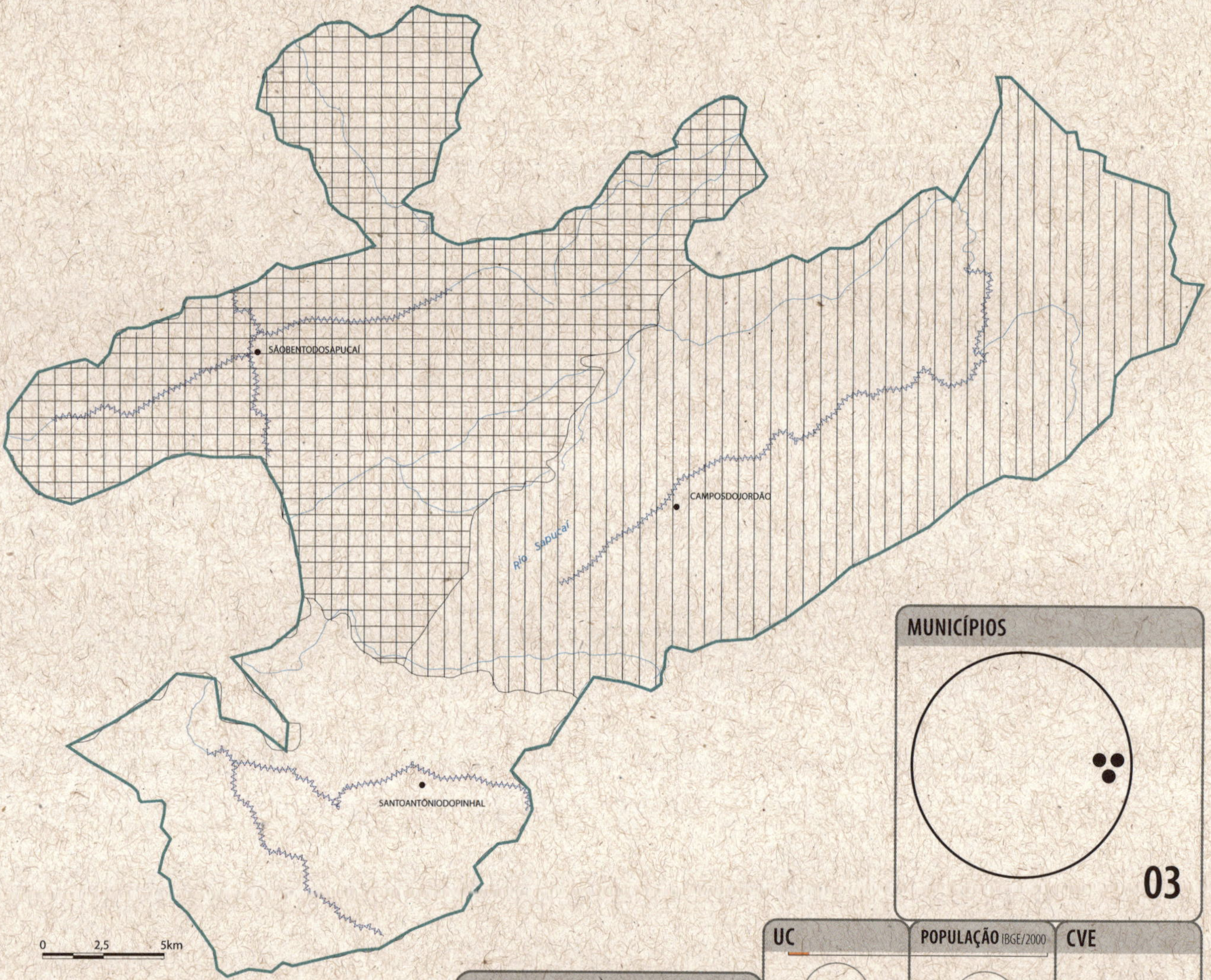

Mapa 1: Mantiqueira

MUNICÍPIOS

03

UC

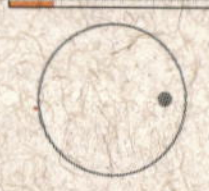

05

POPULAÇÃO IBGE/2000

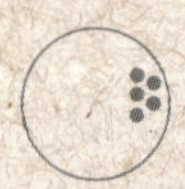

60.904

CVE

IDH SMA/2002

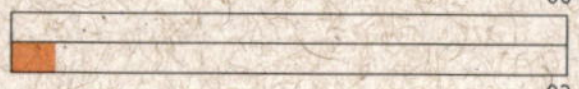

IVA CETESB/2004

IAP CETESB/2004

ATIVIDADES ECONÔMICAS

Turismo, Marcenaria, mineração de quartzito e calcário, matadouro e indústrias alimentícias.

RIOS PRINCIPAIS CETESB/2004

Sapucaí-Guaçu, ribeirões da Cachoeira, do Paiol Velho e do Paiol Grande.

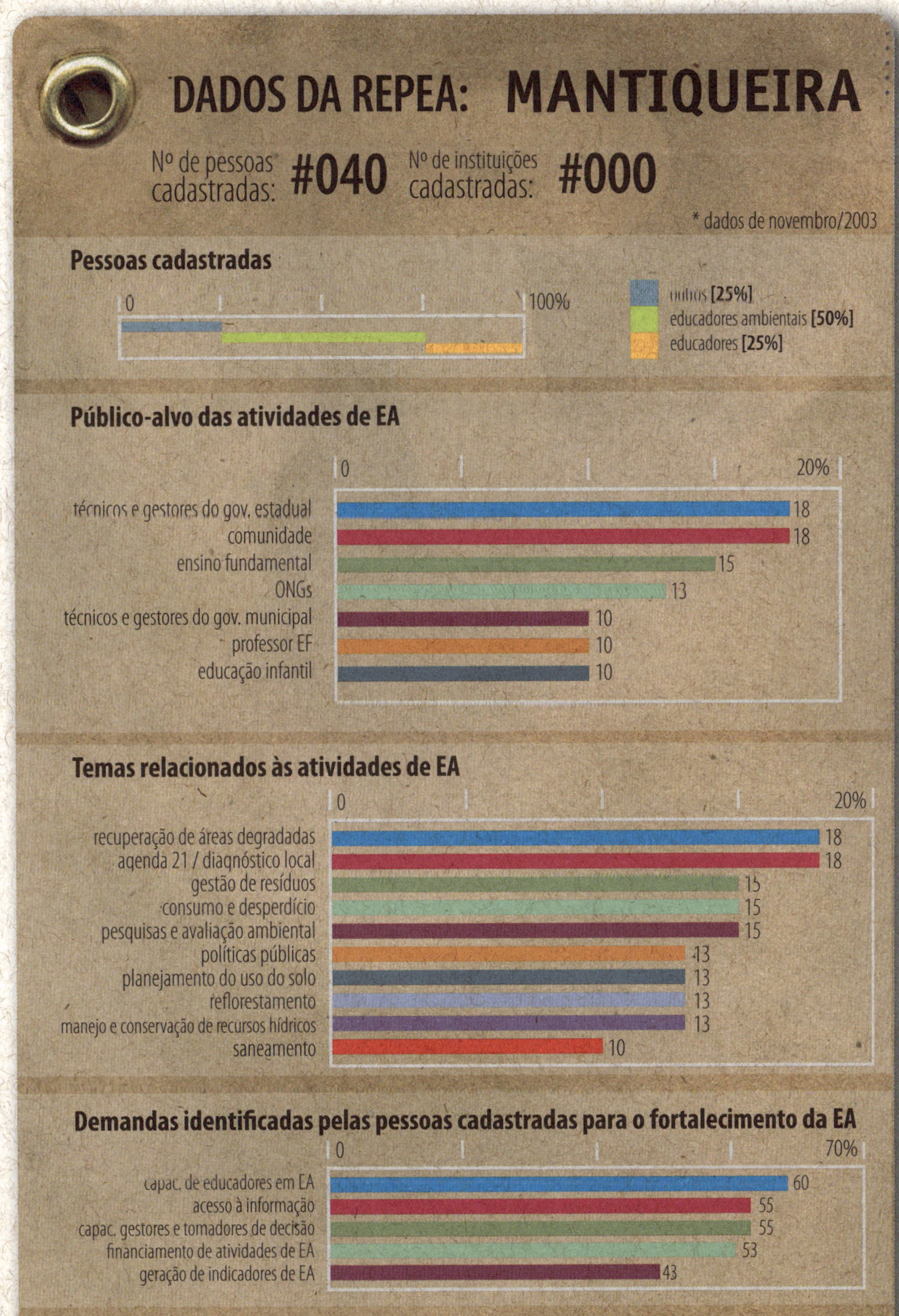

Quadro 1: Dados da REPEA: Mantiqueira

Análise dos dados

A disponibilidade hídrica nesta UGRHI não é problema, mas é baixa a distribuição e o tratamento da carga orgânica do esgoto doméstico, resultando numa qualidade regular das águas para abastecimento público e elevado índice de mortalidade infantil. Ao mesmo tempo, os dados da EA apontam que as temáticas do saneamento e conservação dos recursos hídricos são objeto da ação de 10% a 13% dos educadores e educadores ambientais cadastrados. O mesmo ocorre para as questões relativas ao uso e ocupação do solo, numa região onde os escorregamentos e as inundações atingem áreas com ocupação humana. Não caberia a atenção de um maior contingente de educadores e educadores ambientais para essas temáticas intervindo junto às políticas públicas a fim de que atendam às necessidades locais?

PARAÍBA DO SUL

DIAGNÓSTICO

Não apresenta grandes problemas de disponibilidade hídrica superficial em termos globais. Cinco municípios apresentam índice de abastecimento de água abaixo de 80%. A UGRHI possui 23 municípios com índice de perdas no sistema de abastecimento acima de 30%. Há riscos de rebaixamento acentuado da superfície do lençol subterrâneo na área urbana de São José dos Campos e uma área crítica com relação ao risco de poluição das águas subterrâneas na região de São José dos Campos, Taubaté e Pindamonhangaba. Quanto aos resíduos sólidos domiciliares, 45% dos municípios estão em situação adequada ou controlada e 55% em situação inadequada. O baixo índice de redução da carga orgânica de origem doméstica reflete-se no IQA somente aceitável do rio Paraíba do Sul, com intensificação dos problemas de toxicidade. Os processos de escorregamentos naturais ocorrem nos compartimentos serranos da serra da Mantiqueira e da serra da Bocaina. Existe alta suscetibilidade a inundações em alguns afluentes do rio Paraíba do Sul nas áreas urbanas, e média suscetibilidade ao longo do rio. Foram aplicados, até 1998, 9% dos recursos destinados pelo FEHIDRO à bacia. (DAEE, 1999)

1.770.227

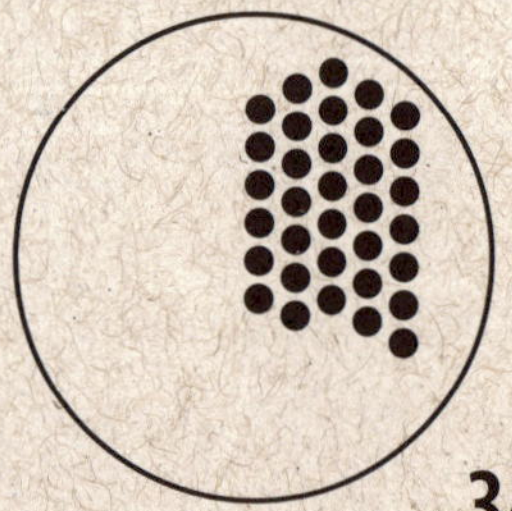

34

Mapa 2: Paraíba do Sul

IDH SMA/2002

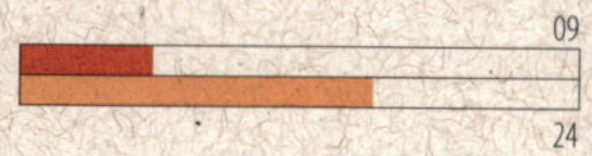

RIOS PRINCIPAIS CETESB/2004

Paraibuna e Paraitinga, formadores do rio Paraíba do Sul e dos rios Parateí, Juaguari e Una.

IVA CETESB/2004

0 100%

IAP CETESB/2004

0 100%

UC

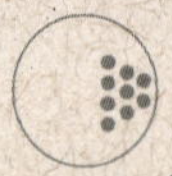

09

CVE

ATIVIDADES ECONÔMICAS

Indústrias de papel e celulose, automobilística, química, mecânica, eletroeletrônica, alimentícia e laticínios.

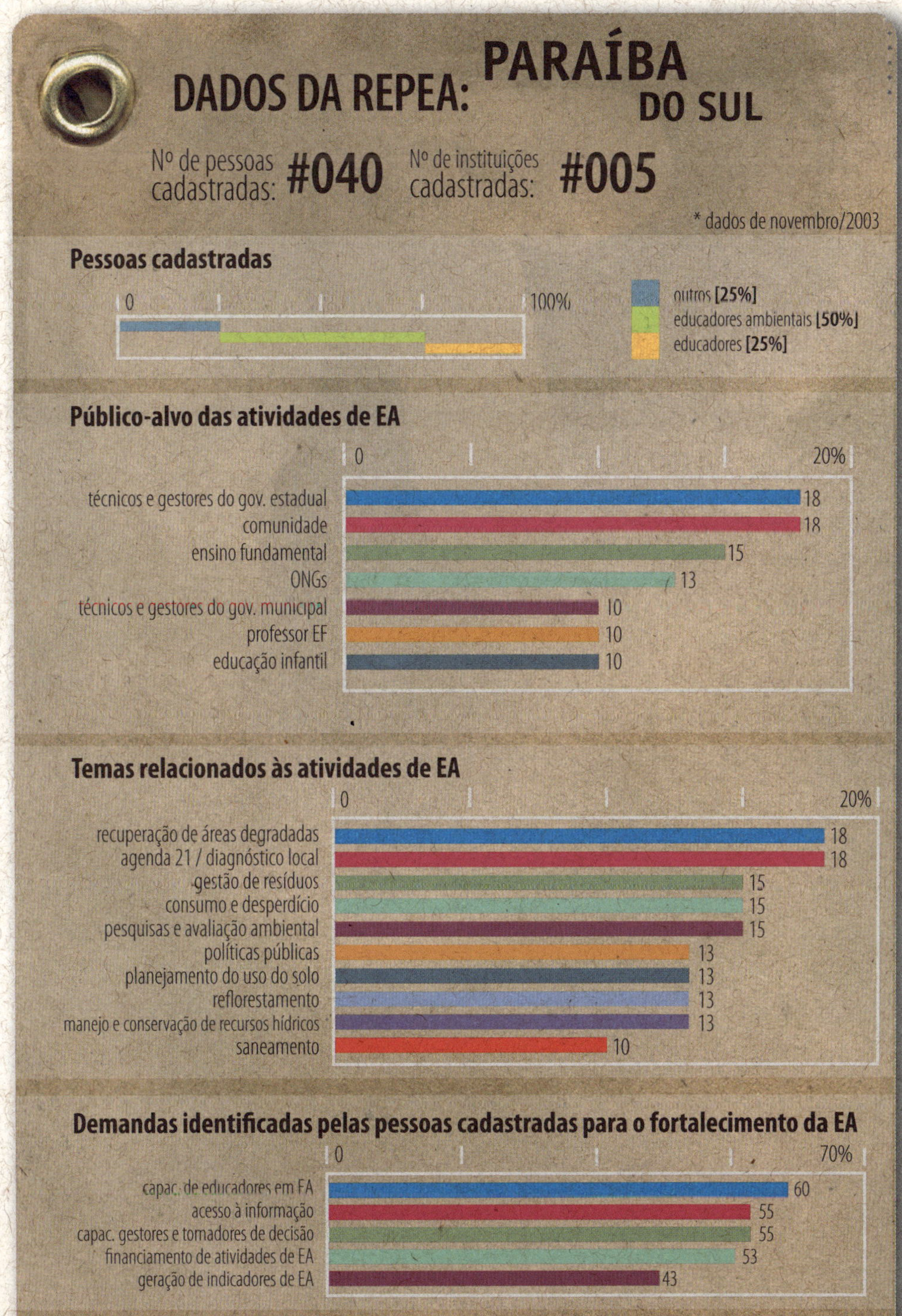

Quadro 2: Dados da REPEA: Paraíba do Sul

Análise dos dados

Chama a atenção a qualidade da água para abastecimento público que possui quase 50% do manancial com qualidade de regular a ruim, a que se somam os riscos de poluição das águas subterrâneas na região de S.J. dos Campos, a disposição inadequada dos resíduos sólidos e o tratamento insuficiente dos esgotos. De que maneira o médio IDH em grande parte dos municípios reflete essa realidade? Qual o papel que a EA pode desempenhar nesse cenário social e ambiental? Por que a capacitação dos gestores e educadores em EA e o acesso à informação são apontados como as maiores demandas da EA na região? A Agenda 21 local, destacada dentre as mais expressivas temáticas relativas à atuação dos educadores ambientais da região, vem ao encontro da construção de um processo participativo de gestão e parece ter solo propício no público-alvo das atividades em EA tão diversificado, como observado no quadro ao lado. Será que esses segmentos têm conseguido dialogar? Quais as instâncias políticas que podem propiciar esse processo?

LITORAL NORTE

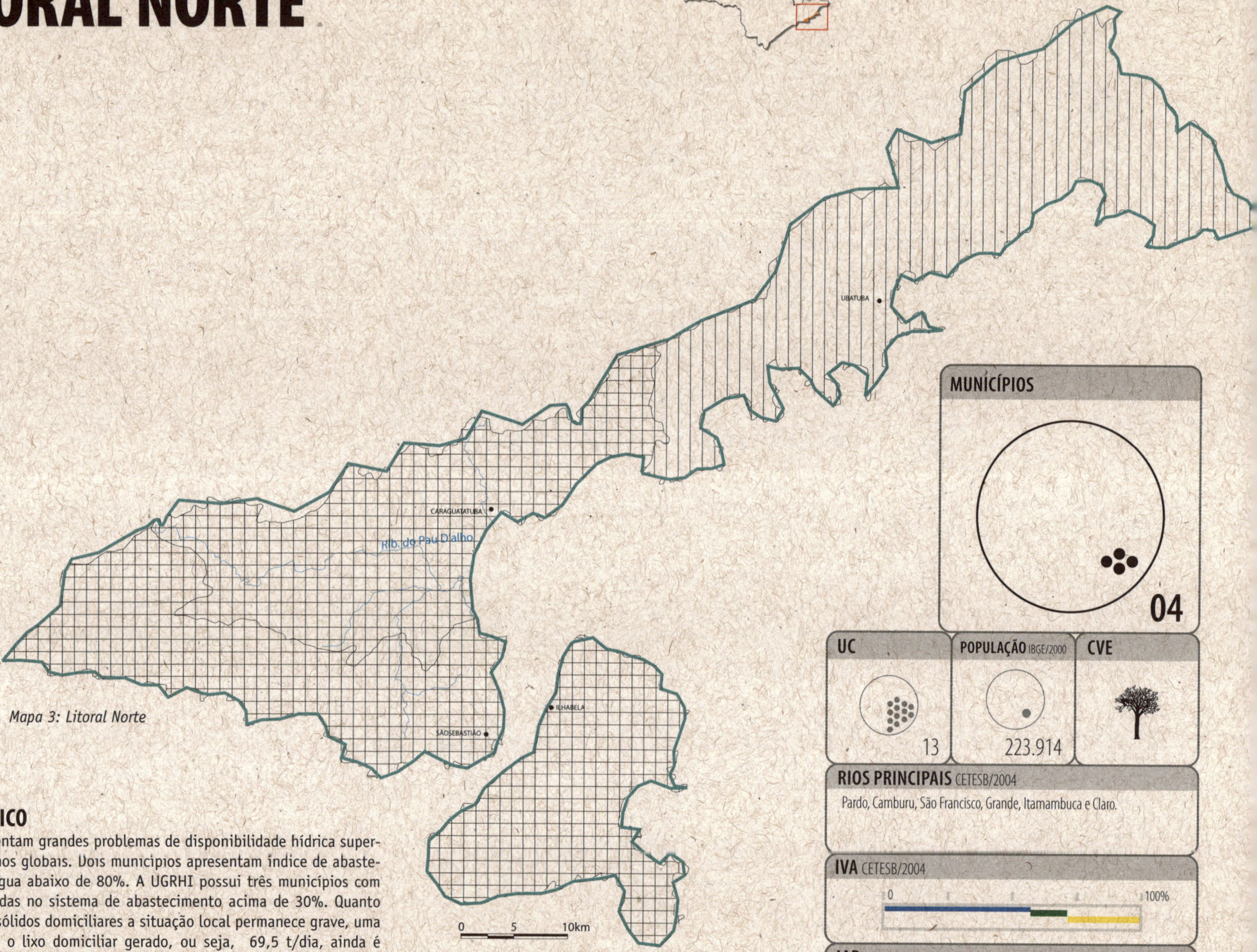

Mapa 3: Litoral Norte

DIAGNÓSTICO

Não se apresentam grandes problemas de disponibilidade hídrica superficial em termos globais. Dois municípios apresentam índice de abastecimento de água abaixo de 80%. A UGRHI possui três municípios com índice de perdas no sistema de abastecimento acima de 30%. Quanto aos resíduos sólidos domiciliares a situação local permanece grave, uma vez que todo o lixo domiciliar gerado, ou seja, 69,5 t/dia, ainda é disposto de forma inadequada. Nos feriados e em épocas de temporada, a quantidade triplica. Apesar do emissário e sistemas individuais de tratamento de esgotos, a carga orgânica de origem doméstica foi reduzida em apenas 14%. A taxa de mortalidade infantil encontra-se acima da média do Estado. A maior parte da área da UGRHI está inserida em Unidades de Conservação, sendo que cerca de 79% da área está preservada por vegetação nativa. Existem processos de movimentos de massa que correspondem ao setor da serra do Mar onde configuram áreas de deposição de sedimentos. Há baixa suscetibilidade a inundações nas áreas urbanas, ao longo da orla marítima. (DAEE, 1999)

MUNICÍPIOS

04

UC

13

POPULAÇÃO IBGE/2000

223.914

CVE

RIOS PRINCIPAIS CETESB/2004

Pardo, Camburu, São Francisco, Grande, Itamambuca e Claro.

IVA CETESB/2004

0 — 100%

IAP CETESB/2004

0 — 100%

IDH SMA/2002

00 — 04

ATIVIDADES ECONÔMICAS

Turismo, Indústria alimentícia e pesqueira e exploração mineral (pedreiras).

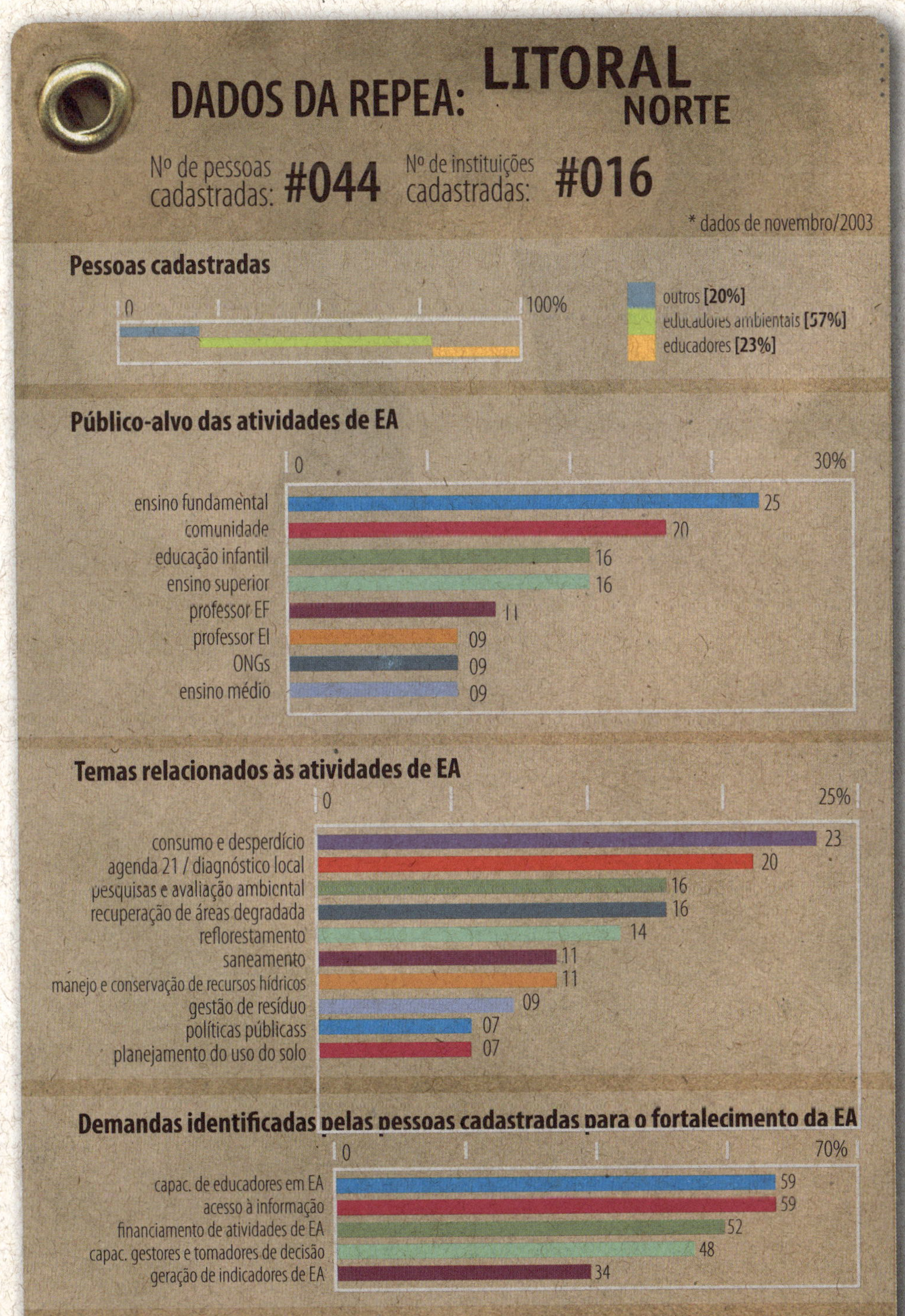

Quadro 3: Dados da REPEA: Litoral Norte

Análise dos dados

Se, por um lado, as águas de abastecimento público são de boa qualidade, nessa área predominantemente de preservação, por outro, é baixo o percentual de tratamento de esgotos e inadequada a disposição dos resíduos sólidos, que podem ser apontados como responsáveis pelo alto índice de mortalidade infantil na região. Os educadores e educadores ambientais na educação infantil, ensino fundamental e superior e a comunidade, como mostra o diagnóstico da REPEA, talvez pudessem explorar mais temas como saneamento, gestão de resíduos, uso e ocupação do solo e conservação dos recursos hídricos, pertinentes à realidade local. Como interpretar esses dados? Em que medida o atendimento das demandas prioritárias dos profissionais, como a capacitação de educadores em EA, o acesso à informação e o financiamento de projetos em EA, podem contribuir para a melhoria do índice de desenvolvimento humano dos municípios dessa região?

PARDO

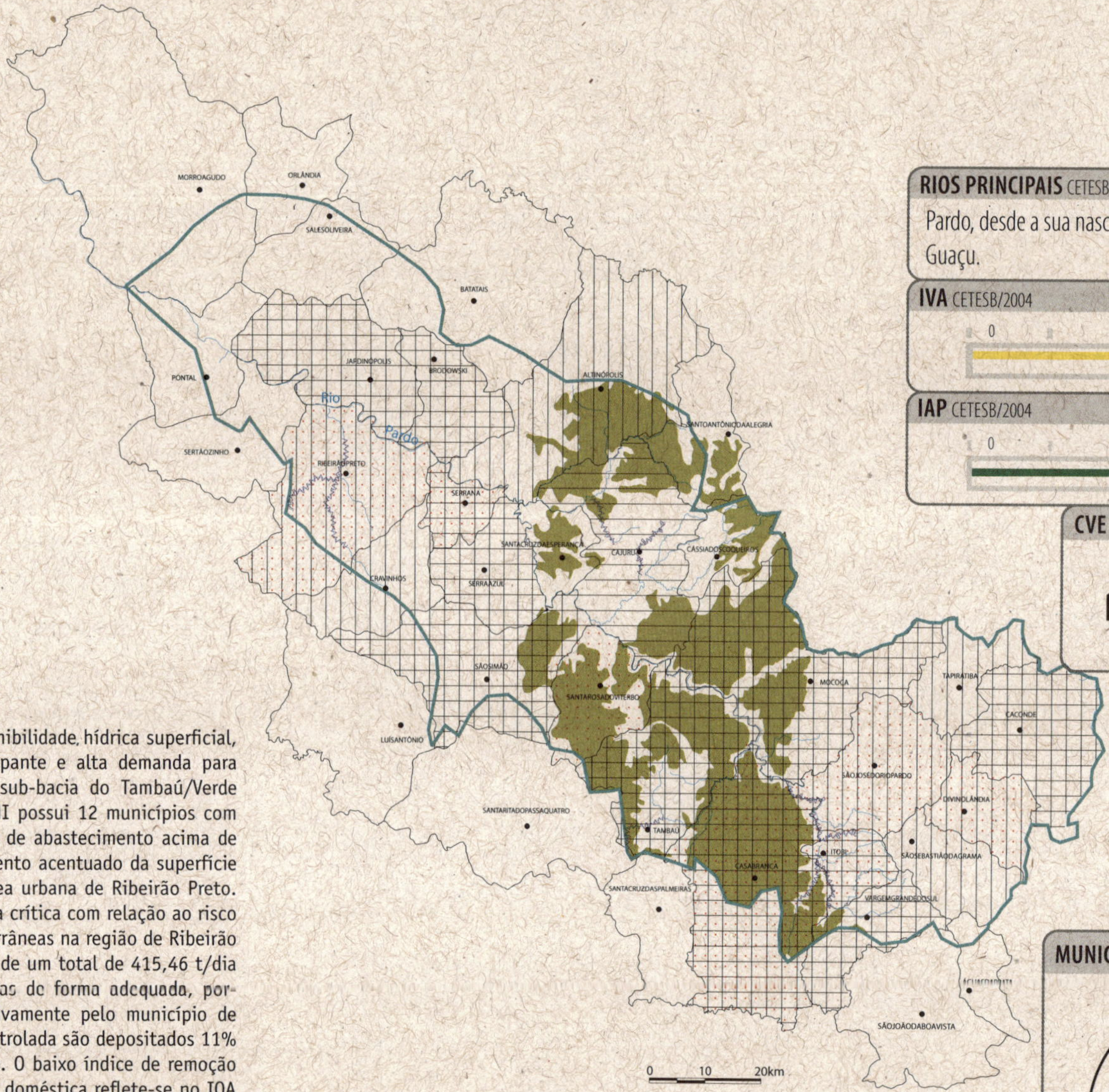

Mapa 4: Pardo

RIOS PRINCIPAIS CETESB/2004

Pardo, desde a sua nascente até a foz do rio Mogi-Guaçu.

IVA CETESB/2004

IAP CETESB/2004

CVE

POPULAÇÃO IBGE/2000

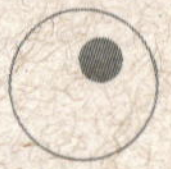

971.011

UC

02

DEMANDAS

Bacia crítica quanto à disponibilidade hídrica superficial, com uso consuntivo preocupante e alta demanda para irrigação, notadamente na sub-bacia do Tambaú/Verde e do ribeirão Preto. A UGRHI possui 12 municípios com índice de perdas no sistema de abastecimento acima de 30%. Há riscos de rebaixamento acentuado da superfície do lençol subterrâneo na área urbana de Ribeirão Preto. A área também é considerada crítica com relação ao risco de poluição das águas subterrâneas na região de Ribeirão Preto e arredores. Em 1998, de um total de 415,46 t/dia de lixo, 66% eram destinadas de forma adequada, porcentual determinado exclusivamente pelo município de Ribeirão Preto. De forma controlada são depositados 11% e 23%, de modo inadequado. O baixo índice de remoção da carga orgânica de origem doméstica reflete-se no IQA dos cursos d'água da região. Verifica-se alto potencial de carga orgânica industrial devido essencialmente ao setor sucroalcooleiro. O índice de mortalidade infantil encontra-se acima da média do Estado. A UGRHI apresenta médio índice de erodibilidade; merece atenção especial o município de Casa Branca. Existe média suscetibilidade a inundações ao longo do rio Pardo e alta suscetibilidade em alguns afluentes que atravessam áreas densamente urbanizadas. Foram aplicados, até 1998, 10% dos recursos destinados pelo FEHIDRO à bacia. (DAEE, 1999)

MUNICÍPIOS

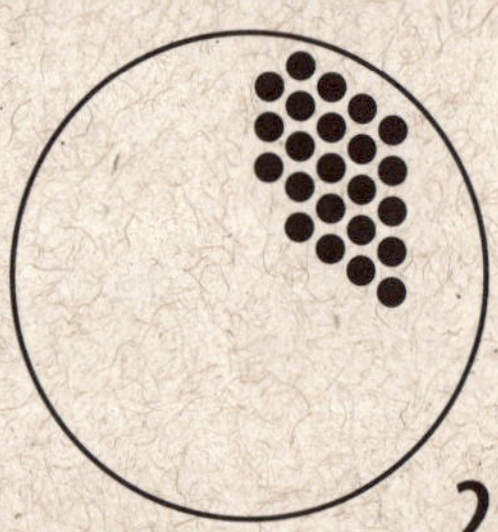

23

ATIVIDADES ECONÔMICAS

Indústrias alimentícia, papel e celulose, metalúrgica, usinas, engenhos e curtumes.

IDH SMA/2002

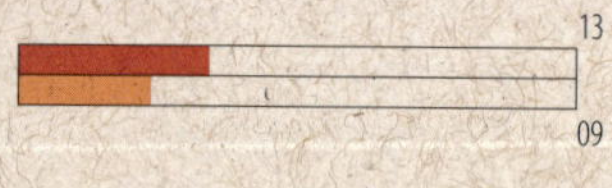

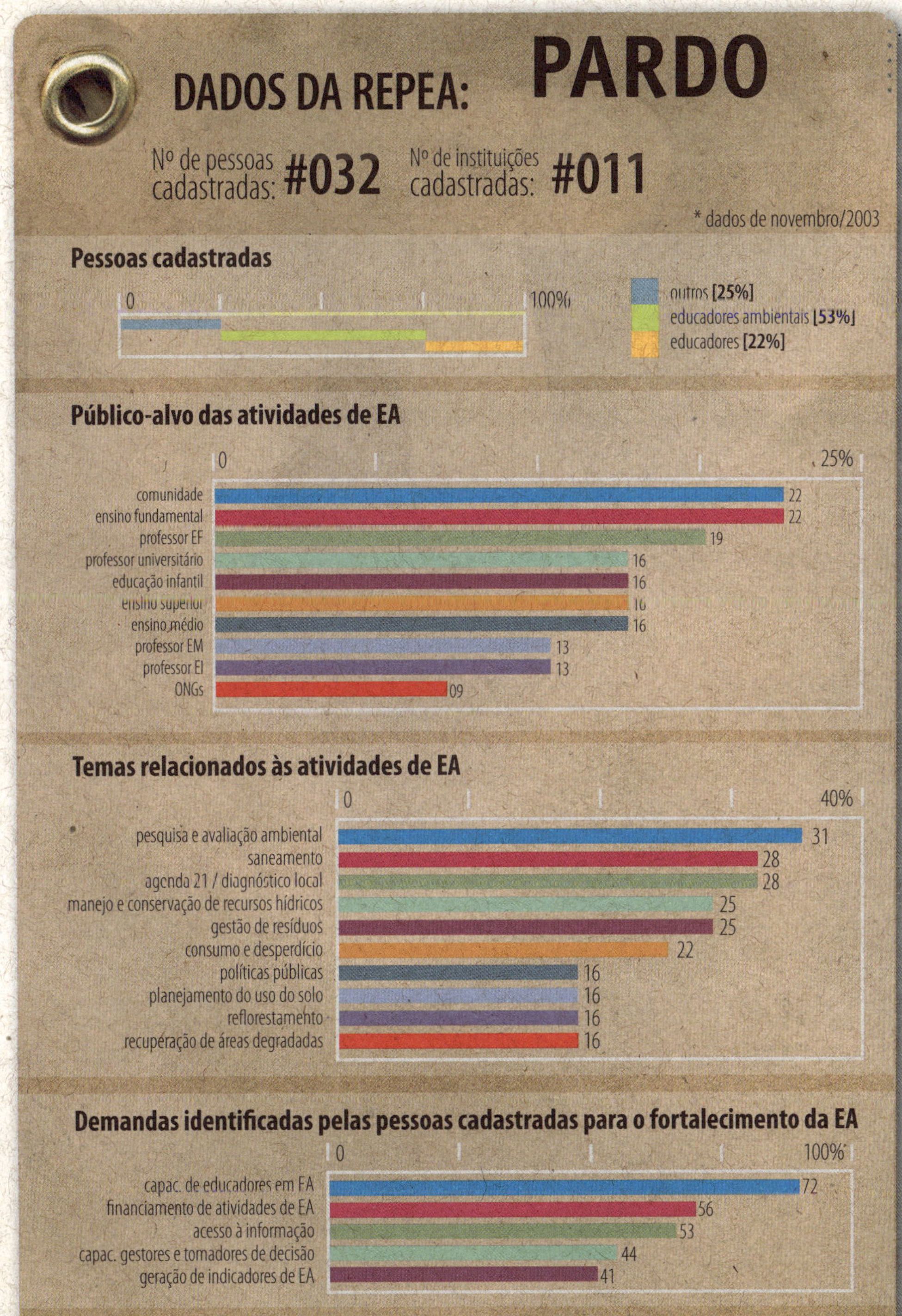

Quadro 4: Dados da REPEA: Pardo

Análise dos dados

A pesquisa e avaliação ambiental são apontadas pelo maior percentual de educadores e educadores ambientais dessa UGRHI, que parece contribuir para a razoável pertinência dessa atuação em EA na região. Estaria aí a justificativa para um percentual significativo de pessoas atuando com questões mais complexas, como o saneamento, por exemplo? A comunidade e os estudantes do ensino fundamental dividem a atenção de 22% conforme gráfico ao lado. Como saber se os educadores, além de trabalharem diretamente com o ensino formal, envolvem-se em processos educacionais junto a comunidades? No ensino superior, tanto professores quanto alunos são alvo das atividades em EA Mais um motivo para pensar que a EA nessa região parece estar atenta às diversas questões que possam contribuir para a construção de sua base segura de sustentação. A formação em EA permeando as diversas áreas do conhecimento na universidade abre uma perspectiva bastante promissora para uma sociedade sustentável.

PIRACICABA, CAPIVARI E JUNDIAÍ

DIAGNÓSTICO

UGRHI crítica em termos de disponibilidade hídrica superficial com demandas próximas ao disponível. Uso consuntivo crítico. Aproximadamente 20% da vazão média da UGRHI são exportados para o Alto Tietê. Doze municípios apresentam índice de abastecimento de água abaixo de 80%. A UGRHI possui 29 municípios com índice de perda no sistema de abastecimento acima de 30%. Área crítica com relação ao risco de poluição das águas subterrâneas, nas regiões de Campinas, São Pedro e seus arredores. A UGRHI é constituída por 57 municípios que possuem área total de 13.825 km2 e população urbana total de 3.606.112. Esses municípios geram, em conjunto, 1.957,44 t/dia de lixo, o que representa a média de 0,54kg/hab/dia. Em 1998, 26% dos municípios utilizaram sistemas adequados, 34%, sistemas controlados e 40%, sistemas inadequados de deposição de resíduos sólidos. A qualidade das águas superficiais em longos trechos dos principais rios da UGRHI apresenta-se degradada, em decorrência da falta de tratamento de efluentes urbanos e da contribuição dos lançamentos de cargas poluidoras remanescentes industriais. Verifica-se alto potencial de carga orgânica industrial devido essencialmente ao setor sucroalcooleiro. Deve ser objeto de estudo um diagnóstico, visando orientar medidas corretivas e preventivas de controle de erosão e assoreamento. Na região existe alta suscetibilidade a inundações em trechos urbanos dos rios Piracicaba, Capivari, Jundiaí e do ribeirão Quilombo, e de média a alta suscetibilidade em trechos dos rios Jaguari e Atibaia. Foram investidos, até 1998, 43% dos recursos destinados pelo FEHIDRO à bacia. (DAEE, 1999)

CVE

UC

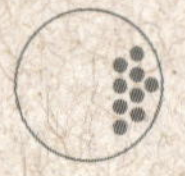

16

POPULAÇÃO IBGE/2000

4.314.242

MUNICÍPIOS

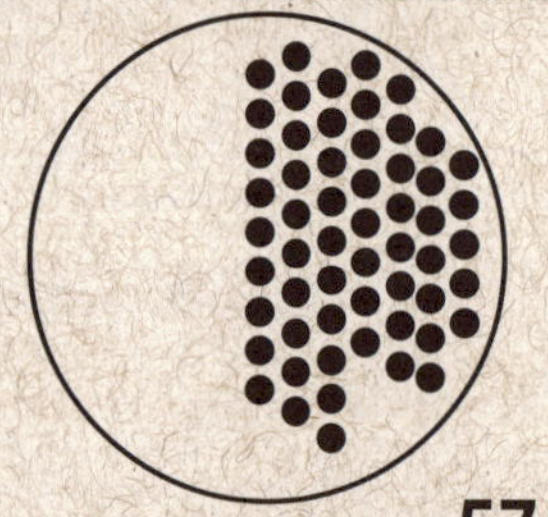

57

ATIVIDADES ECONÔMICAS

Agroindústria e indústrias químicas, têxteis, metalúrgicas e de eletrônica.

RIOS PRINCIPAIS CETESB/2004

Atibaia, Corumbataí, Jaguari, Piracicaba, Jundiaí, Jundiaí-Mirim, Piraí, Capivari, Capivari-Mirim.

IVA CETESB/2004

IAP CETESB/2004

IDH SMA/2002

Mapa 5: Piracicaba, Capivari e Jundiaí

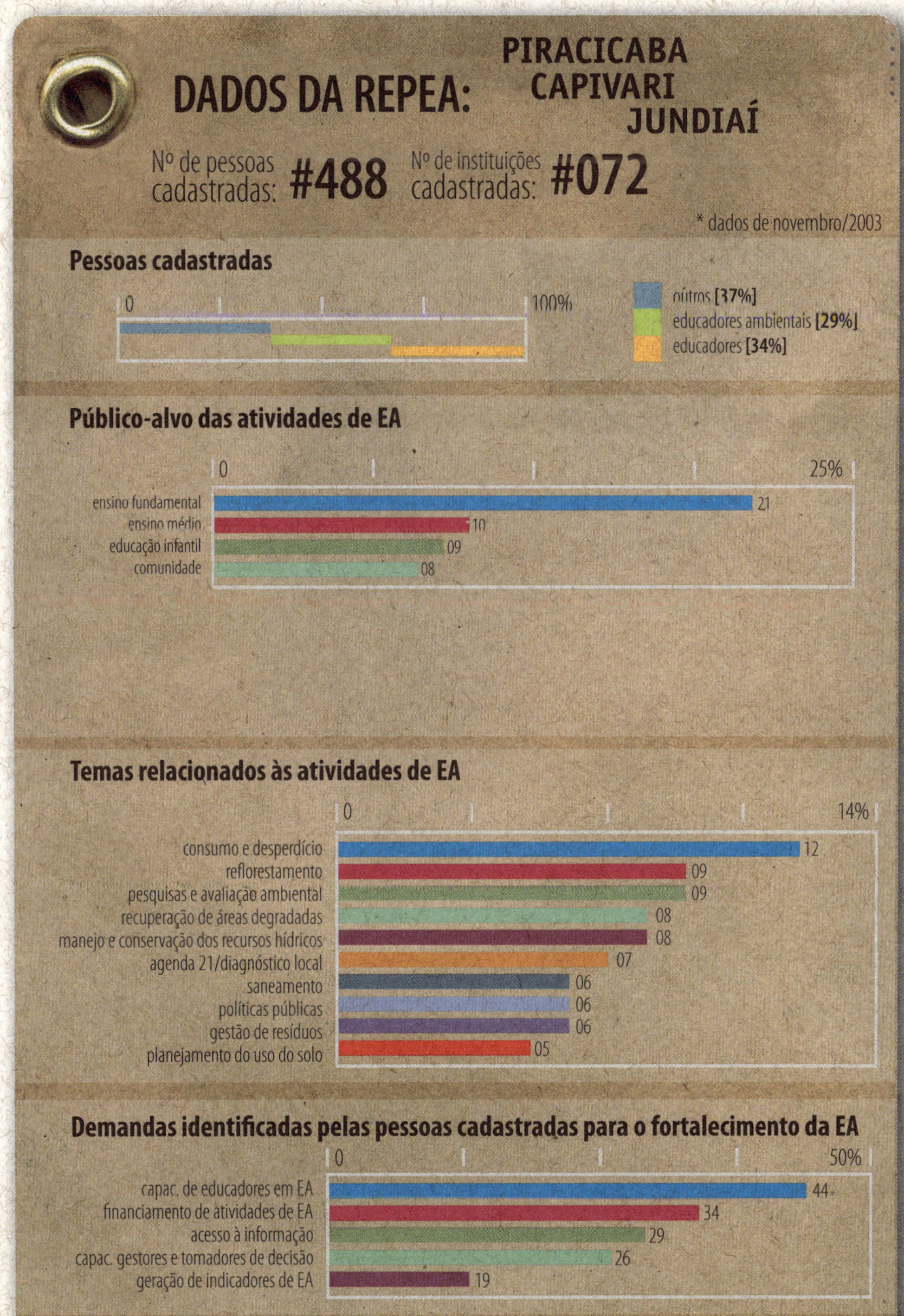

Quadro 5: Dados da REPEA: Piracicaba, Capivari e Jundiaí

Análise dos dados

O grande número de pessoas cadastradas decorre de essa região ter acolhido o II Encontro Estadual de EA e o I Encontro Paulista de CEAs. Grande parte dessas pessoas são educadores dos diferentes níveis do ensino (34%) e universitários. De que forma essa informação pode estar relacionada aos relativamente baixos percentuais de pessoas atuantes com as diferentes temáticas em EA? A região é uma das mais críticas do Estado no que diz respeito à qualidade das águas superficiais e mesmo subterrâneas. Não é por acaso que o FEHIDRO destinou à região, por seu Comitê de Bacias Hidrográficas, cerca de R$ 27 milhões, investidos de 1993 a 2003 no tratamento de esgoto (61%), planejamento (10%), conservação de mananciais (10%), conservação de recursos hídricos (9%) e prevenção e defesa contra inundações e erosões (7%). As informações e diagnóstico da REPEA, ao lado, sugerem uma EA desenvolvida prioritariamente por gestores públicos. O leitor consegue identificar?

ALTO TIETÊ

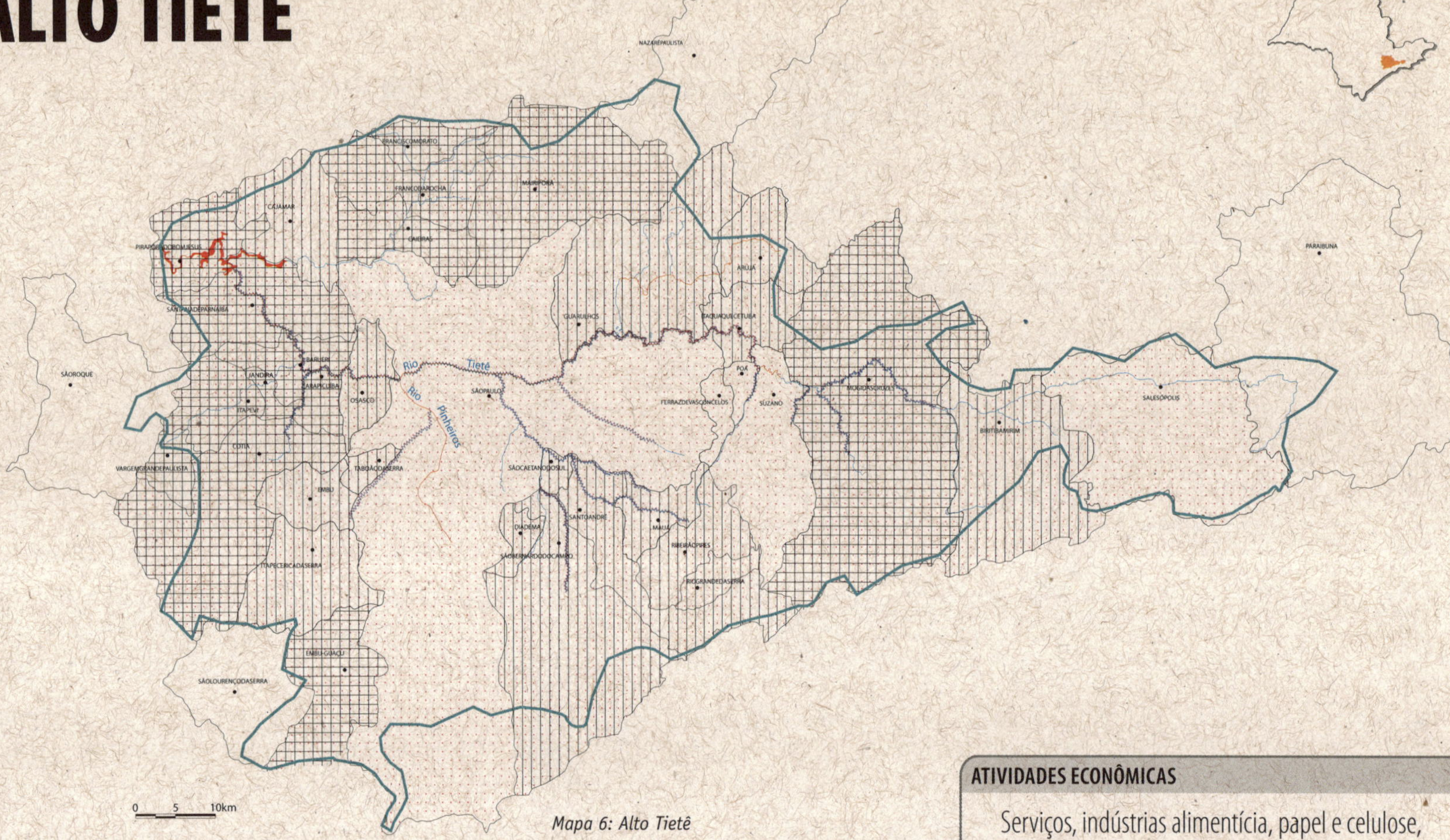

Mapa 6: Alto Tietê

DIAGNÓSTICO

Bacia crítica em termos de disponibilidade hídrica superficial. As demandas suplantam a capacidade disponível e são atendidas pela regularização e importação de água. Uso consuntivo crítico e superior à capacidade disponível. A UGRHI possui 23 municípios com índice de perdas no sistema de abastecimento acima de 30%. Há riscos de rebaixamento acentuado da superfície do lençol subterrâneo do aqüífero sedimentar no município de São Paulo. A área é crítica com relação ao risco de poluição das águas subterrâneas. Em média, a UGRHI exporta 15 m3/s para a Baixada Santista, para geração de energia da usina Henry Borden. Importa cerca de 32,5 m3/s, principalmente do Sistema Cantareira. Em 1998, 67% dos resíduos sólidos domiciliares gerados eram conduzidos para sistemas adequados, 26%, para sistemas controlados e 7%, para sistemas inadequados. Há baixa remoção de carga orgânica de origem doméstica e industrial. Na área urbana da bacia a água atinge os níveis mais elevados de poluição. Há tendência de recuperação da qualidade no reservatório Billings e na bacia do rio Cotia e problemas de ocupação irregular nas áreas de proteção de mananciais. Com financiamento externo, está sendo realizado um programa de despoluição do rio Tietê. O índice de mortalidade infantil encontra-se próximo da média do Estado. Apesar de ser uma bacia com alto índice de urbanização e industrialização, nela existe um grande número de Áreas de Proteção Ambiental. Ocorre erosão predominantemente nas áreas periféricas da cidade e seu desenvolvimento decorre do processo de expansão urbana acelerada. Verifica-se alta suscetibilidade a inundações ao longo dos rios Tietê, Tamanduateí, Aricanduva, Pirajussara e afluentes e em diversos pontos críticos da RMSP. Foram aplicados, até 1998, 20% dos recursos destinados pelo FEHIDRO à bacia. (DAEE, 1999)

ATIVIDADES ECONÔMICAS

Serviços, indústrias alimentícia, papel e celulose, química, mecânica, metalúrgica e têxteis.

RIOS PRINCIPAIS CETESB/2004

Claro, Paraitinga, Biritiba-Mirim, Jundiaí, Taiaçupeba-Mirim, Embu-Guaçu e Embu-Mirim. Tietê, desde a sua cabeceira até a barragem do reservatório de Pirapora, incluindo o rio Cotia e os reservatórios Billings, Guarapiranga, Tamanduateí e Pinheiros.

IVA CETESB/2004

IAP CETESB/2004

MUNICÍPIOS

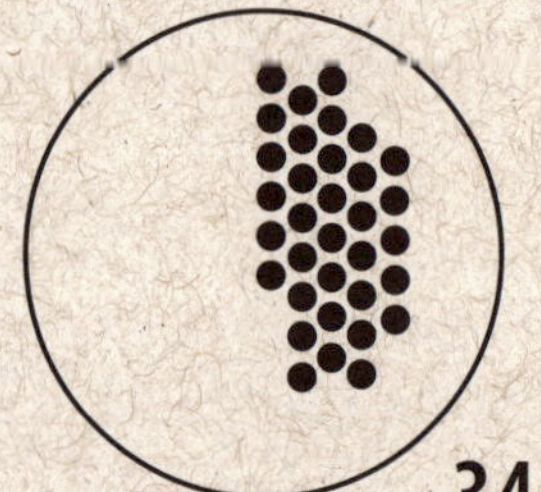

34

UC

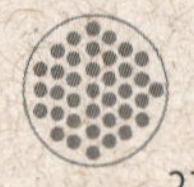

37

POPULAÇÃO IBGE/2000

17.696.946

CVE

IDH SMA/2002

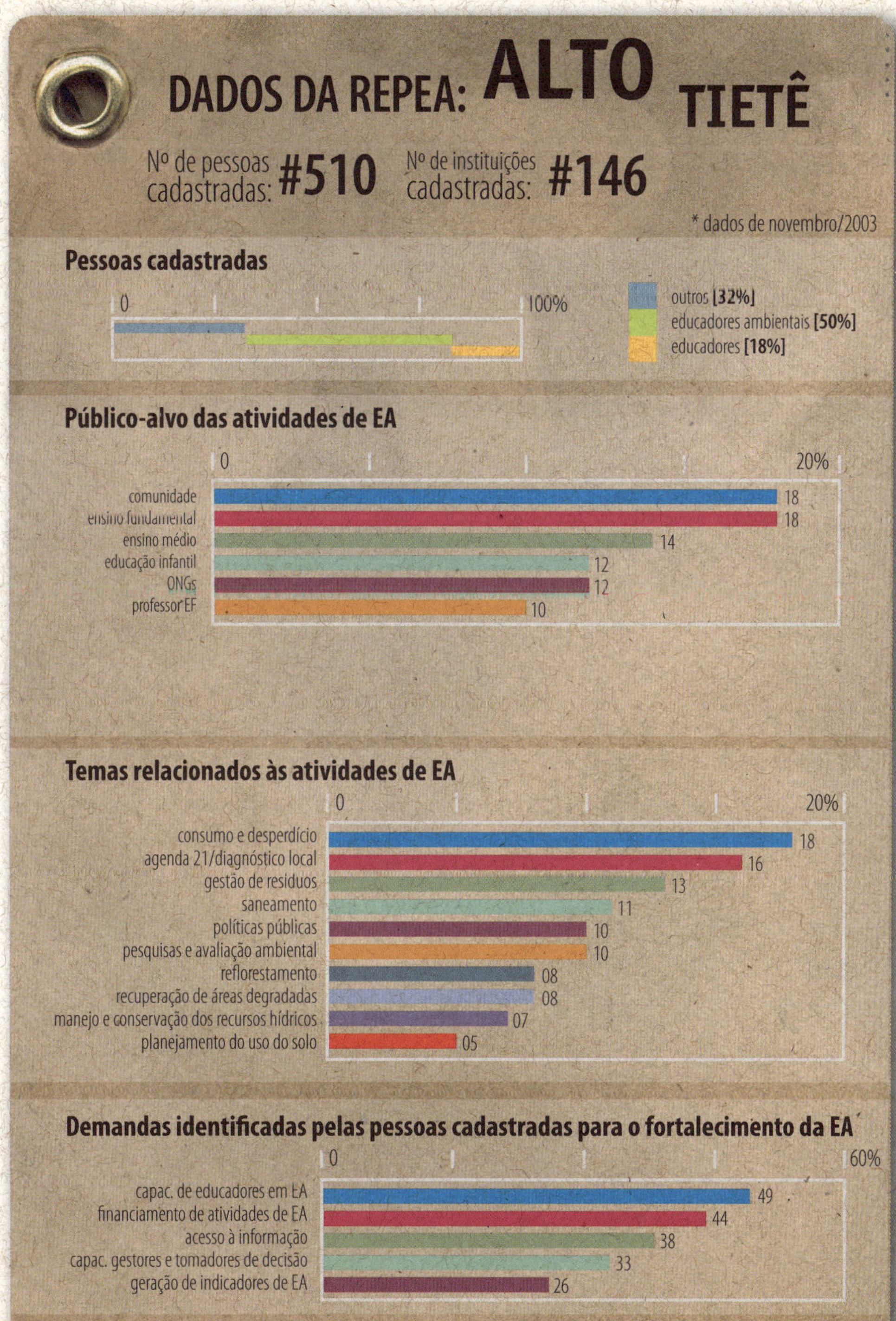

Quadro 6: Dados da REPEA: Alto Tietê

Análise dos dados

A UGRHI apresenta o maior número de pessoas cadastradas, mas também a maior população. Os recursos hídricos superficiais e subterrâneos estão comprometidos pelo consumo superior à capacidade disponível e pelo lançamento de efluentes domésticos e industriais. É pólo de desenvolvimento econômico; no entanto, somente 18 dos seus 34 municípios possuem alto IDH e índice de mortalidade infantil próximo ao da média do Estado. Enfrenta a ocupação irregular de áreas de risco e de proteção de mananciais. Paradoxalmente, temas, como planejamento do uso do solo, manejo e conservação dos recursos hídricos e saneamento, estão entre os menos abordados pela EA. Quais os percentuais adequados? A REPEA reúne segmentos da sociedade civil, mas também gestores públicos nas UGRHI e observa-se que, onde há maior aproximação e diálogo, a EA se dá de forma mais efetiva. Como ocorre essa relação no Alto Tietê? Como estruturar uma política que propicie a integração das inúmeras atividades em EA que acontecem de forma isolada e pontual?

BAIXADA SANTISTA

DIAGNÓSTICO

UGRHI crítica em termos de disponibilidade hídrica superficial, com altos índices de poluição nas bacias dos rios Cubatão, Mogi e Quilombo, devido à forte demanda industrial e, em Jurubatuba, à demanda doméstica. Depende da reversão do Alto Tietê para atender às demandas de sua porção central e combater o problema da intrusão salina. Uso consuntivo preocupante. A UGRHI possui nove municípios com índice de perdas no sistema de abastecimento acima de 30%. Em 1998, 67% dos municípios e 74% da quantidade de resíduos sólidos domiciliares gerados enquadravam-se em condições de destinação final inadequadas. O índice de remoção de carga orgânica de origem doméstica está próximo a 50%; excetuando-se o município de Santos, os demais tratam de forma incipiente seus esgotos. A maior parte das Áreas de Proteção Ambiental situa-se nas escarpas da serra do Mar. Há processos erosivos por ravinamentos que ocorrem nas vertentes da serra do Mar, onde se configuram áreas de deposição sedimentar. Verifica-se baixa suscetibilidade a inundações ao longo da orla marítima e inundações asssociadas à maré no estuário do rio Cubatão e junto à foz do rio Branco, em Itanhaém. Foram aplicados, até 1998, 2% dos recursos destinados pelo FEHIDRO à bacia. (DAEE, 1999)

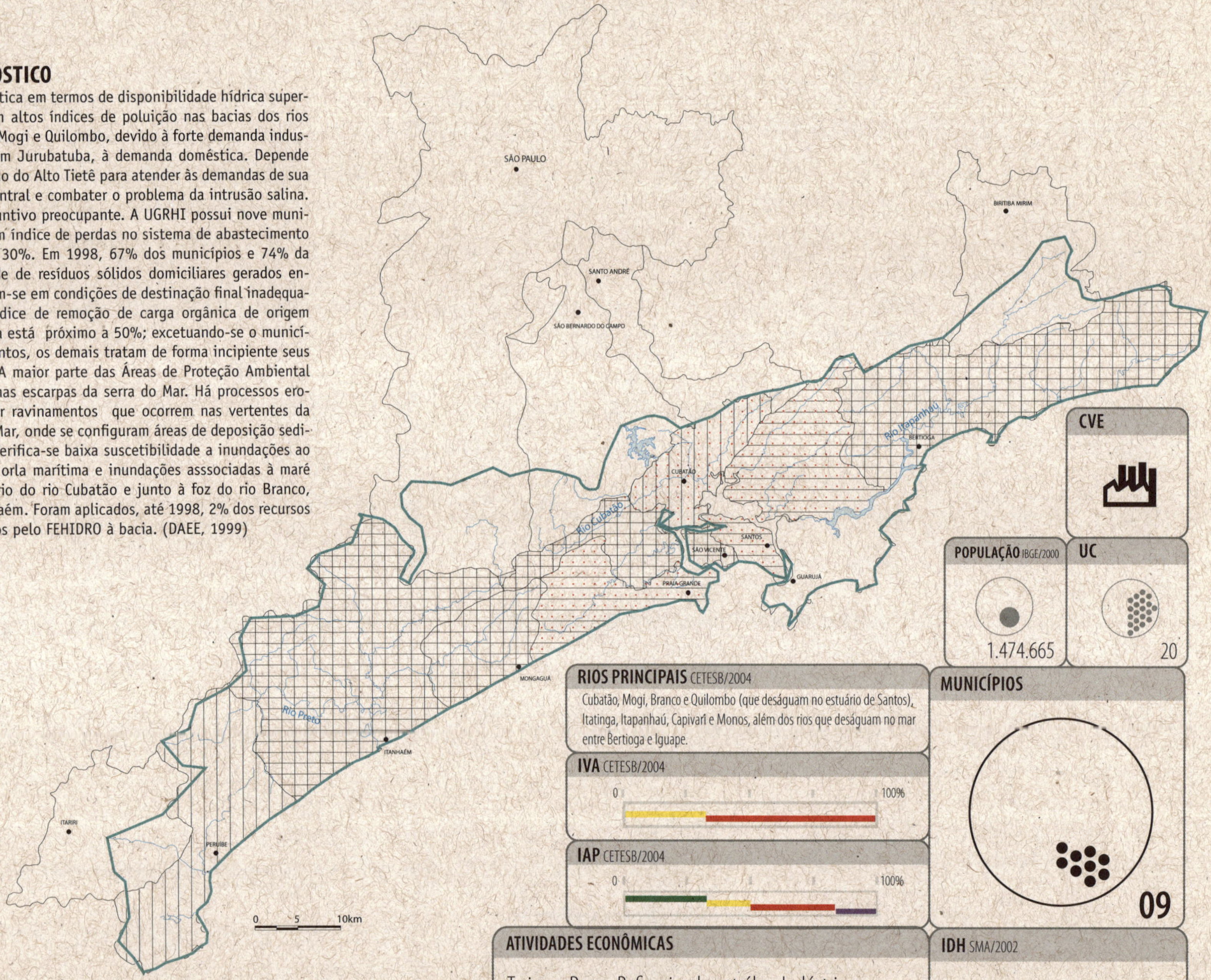

Mapa 7: Baixada Santista

CVE

POPULAÇÃO IBGE/2000

1.474.665

UC

20

RIOS PRINCIPAIS CETESB/2004

Cubatão, Mogi, Branco e Quilombo (que deságuam no estuário de Santos), Itatinga, Itapanhaú, Capivari e Monos, além dos rios que deságuam no mar entre Bertioga e Iguape.

MUNICÍPIOS

09

IVA CETESB/2004

0 100%

IAP CETESB/2004

0 100%

ATIVIDADES ECONÔMICAS

Turismo, Pesca, Refinarias de petróleo, Indústrias petroquímicas, fertilizantes, químicas e siderúrgicas.

IDH SMA/2002

01

08

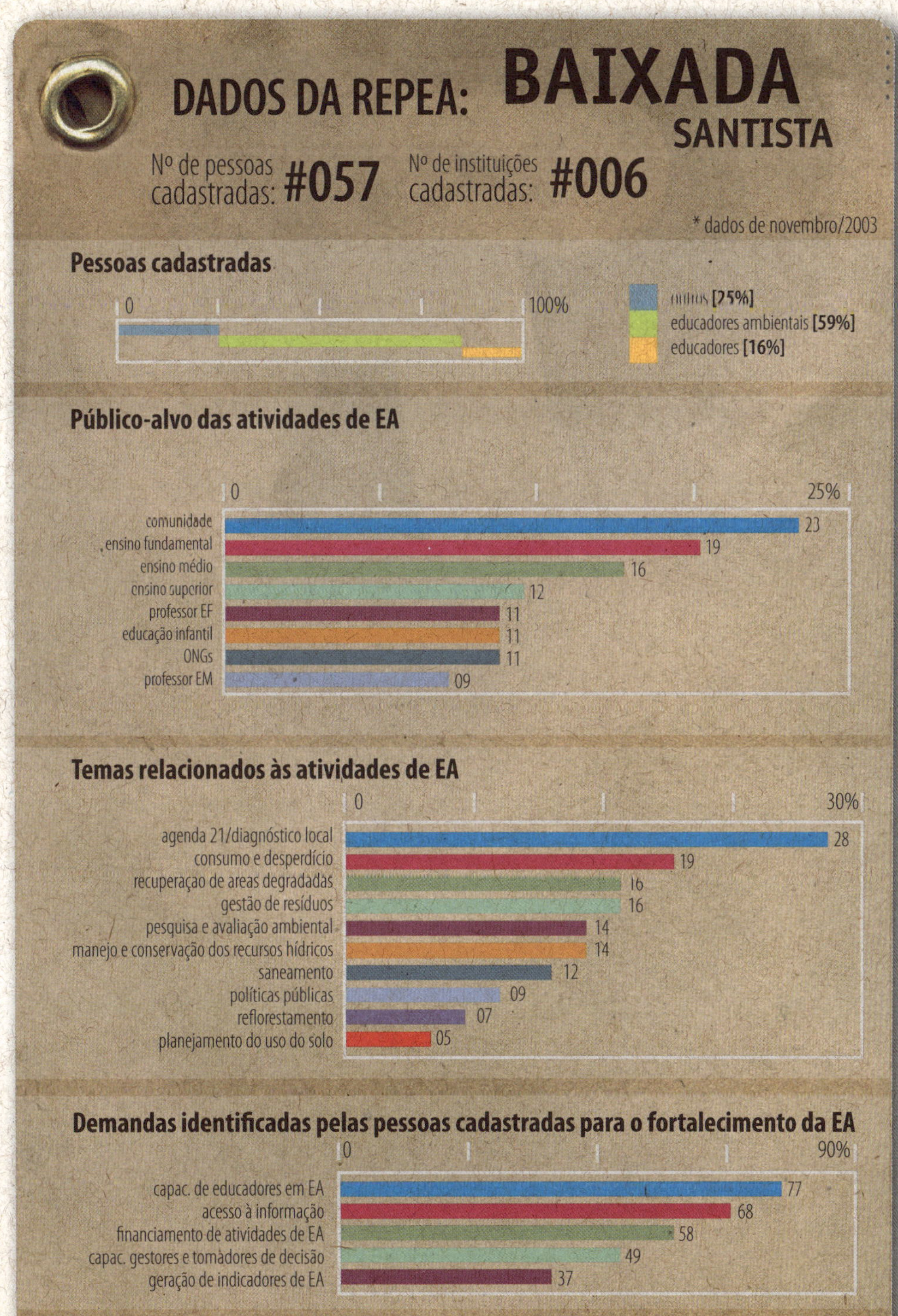

Quadro 7: Dados da REPEA: Baixada Santista

Análise dos dados

Com exceção de Santos, os demais municípios apresentam médio IDH. Quem ocupa e por que ocupa áreas de Proteção Ambiental situadas nas escarpas da serra do Mar? Quais as conseqüências? Como são gerados e como enfrentar os problemas decorrentes da escassez e da má qualidade das águas de abastecimento público nessa região? Essas e muitas outras questões já são alvo das atenções e preocupações de educadores ambientais e educadores da Baixada Santista, porque orientam a construção da Agenda(s) 21, principal tema de interesse desses profissionais. É provável que nesse processo o interesse pelas questões relativas ao saneamento e ao manejo e conservação dos recursos hídricos seja ampliado. O elevado interesse pela capacitação em EA (77%) poderá aumentar o número e o grau de envolvimento dos educadores nas questões socioambientais?

SAPUCAÍ E GRANDE

DIAGNÓSTICO

UGRHI tendendo a crítica em termos de disponibilidade hídrica superficial, com probabilidade de escassez no futuro devido à alta demanda na irrigação, principalmente nas bacias dos ribeirões do Jardim e do Carmo e ao risco de poluição das águas subterrâneas na região de Franca e arredores. A UGRHI possui sete municípios com índice de perdas no sistema de abastecimento acima de 30%. Em 1998, 59% dos municípios destinavam os resíduos sólidos domiciliares a instalações inadequadas, 32% em condições controladas e 9% em condições adequadas. É alta a remoção da carga urbana de origem doméstica em virtude de haver sistemas de tratamento nos municípios maiores. Verifica-se elevado potencial de carga orgânica industrial devido essencialmente ao setor sucroalcooleiro. As ocorrências de erosão concentram-se nas cabeceiras do rio Sapucaí. O município de Franca é o mais crítico na área urbana. Há alta suscetibilidade a inundações em trechos urbanos de alguns afluentes do rio Sapucaí-Mirim. Foram aplicados, até 1998, 16% dos recursos destinados pelo FEHIDRO à bacia. (DAEE, 1999)

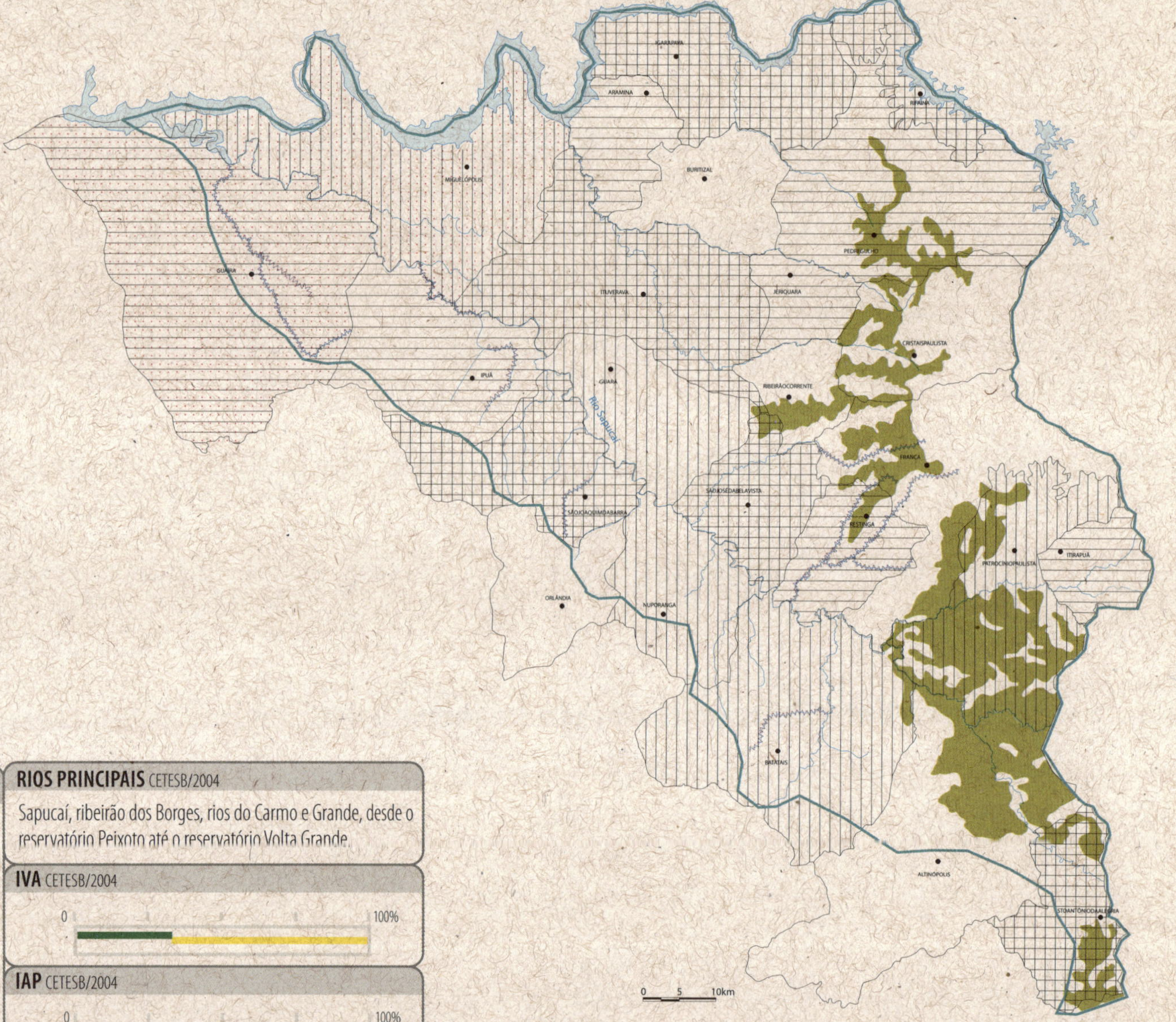

Mapa 8: Sapucaí e Grande

MUNICÍPIOS

22

RIOS PRINCIPAIS CETESB/2004

Sapucaí, ribeirão dos Borges, rios do Carmo e Grande, desde o reservatório Peixoto até o reservatório Volta Grande.

IVA CETESB/2004

0 — 100%

IAP CETESB/2004

0 — 100%

IDH SMA/2002

12
10

POPULAÇÃO IBGE/2000

609.635

UC

01

CVE

ATIVIDADES ECONÔMICAS

Curtumes e indústrias alimentícias, com predomínio de laticínios.

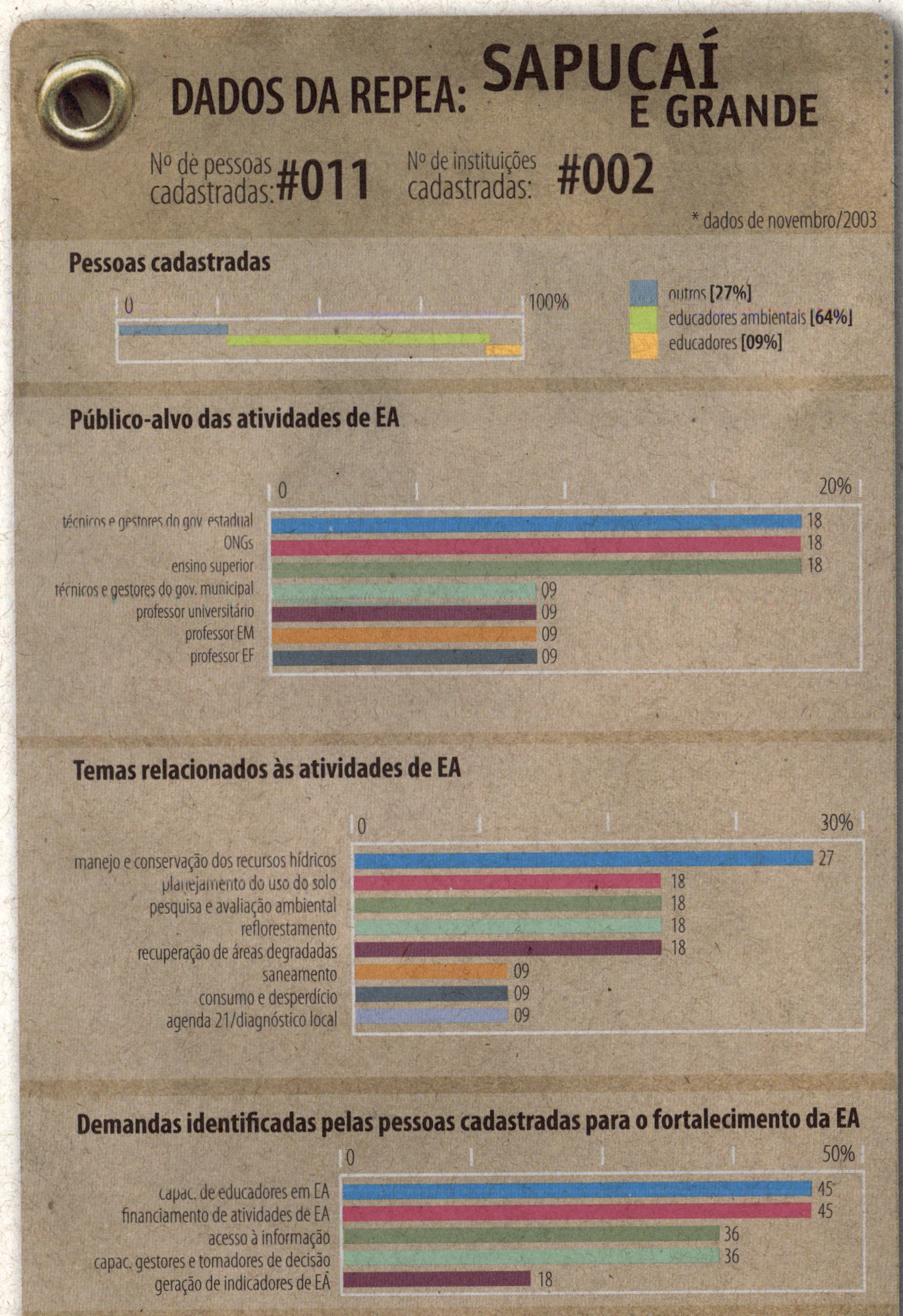

Quadro 8: Dados da REPEA: Sapucaí e Grande

Análise dos dados

A EA está predominantemente voltada aos profissionais técnicos dos governos estadual e municipais, aos estudantes universitários, aos professores dos diferentes níveis de ensino e profissionais das ONG. Na maioria das UGRHI ela está voltada aos estudantes do EF, EM e Educação Infantil e à comunidade. Isso explica a abordagem de temáticas mais complexas, afeitas à gestão pública, como o planejamento do uso do solo e a recuperação de áreas degradadas, apontadas por esses profissionais? O fato de 10 dos 22 municípios da região possuírem médio IDH justifica a EA voltada à comunidade? De maneira geral é boa a qualidade das águas de abastecimento público da região, mas o relatório da CETESB identifica um tipo de poluente que põe em risco as águas subterrâneas na região de Franca. Qual é esse poluente, por que tipo de atividade econômica é gerado e quais seus efeitos à saúde? Tais informações são do conhecimento da população?

MOGI-GUAÇU

DIAGNÓSTICO

Bacia crítica em termos de disponibilidade hídrica superficial, com demandas elevadas devido à irrigação e ao setor sucroalcooleiro, principalmente no Alto Mogi e Jaguari-Mirim. Uso consuntivo elevado. Também apresenta criticidade com relação ao risco de poluição das águas subterrâneas na área de recarga do sistema aqüífero Guarani. Apenas um município apresenta índice de abastecimento de água inferior a 80%. A UGRHI possui 23 municípios com índice de perdas no sistema de abastecimento acima de 30%. Em 1998, 43% dos municípios depositavam resíduos sólidos domiciliares em instalações inadequadas, 14%, em condições controladas e 43%, em condições adequadas. A UGRHI apresenta baixo índice de remoção da carga orgânica de origem doméstica, em virtude de a maioria dos municípios não disporem de sistemas de tratamento. Dos 38 municípios somente cinco tratam integralmente seus esgotos. Verifica-se alto potencial de carga orgânica industrial devido essencialmente ao setor sucroalcooleiro. A taxa de mortalidade infantil registra nível acima da média do Estado. Os setores críticos relacionados à erosão são pouco expressivos na área. Devem ser efetuados estudos mais detalhados para os municípios de Descalvado e Pirassununga. Há média suscetibilidade a inundações ao longo do rio Mogi-Guaçu e alta suscetibilidade em alguns de seus afluentes em trechos urbanos. Apesar de possuir sete Unidades de Conservação, apenas 5% de sua área está preservada por vegetação nativa. Foram aplicados, até 1998, 15% dos recursos destinados pelo FEHIDRO à bacia. (DAEE, 1999)

ATIVIDADES ECONÔMICAS

Fecularias, laticínios, frigoríficos e matadouros, usinas, engenhos e destilarias, curtumes, indústria de papel e celulose e metalúrgicas.

POPULAÇÃO IBGE/2000

1.292.883

CVE

UC

09

IDH SMA/2002

23

13

MUNICÍPIOS

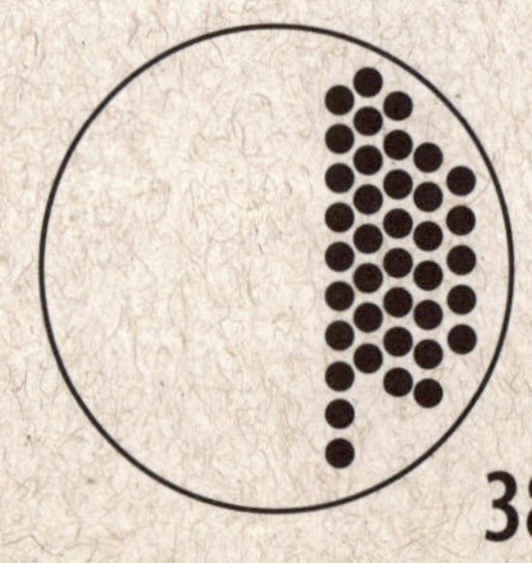

38

RIOS PRINCIPAIS CETESB/2004

Mogi-Guaçu

IVA CETESB/2004

IAP CETESB/2004

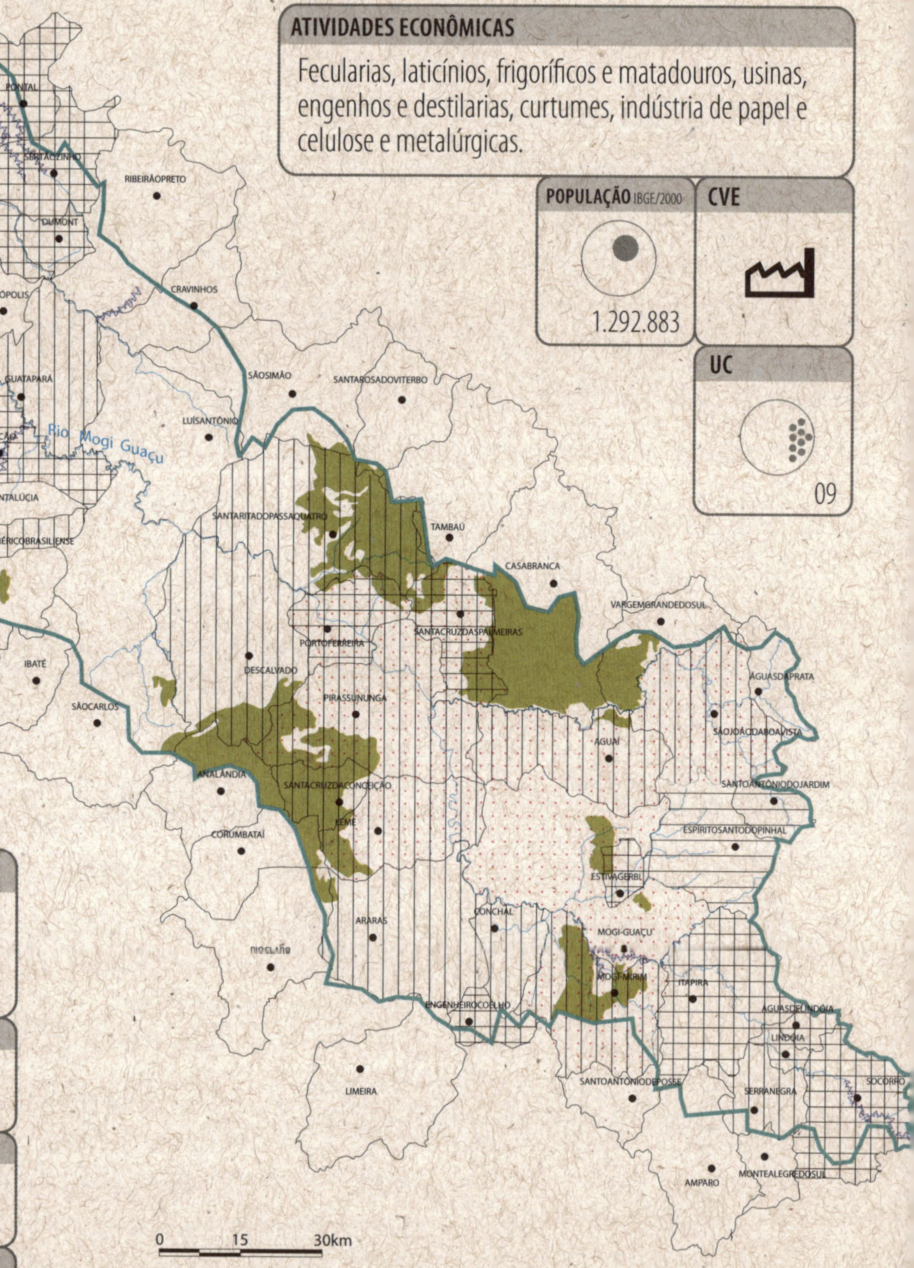

Mapa 9: Mogi-Guaçu

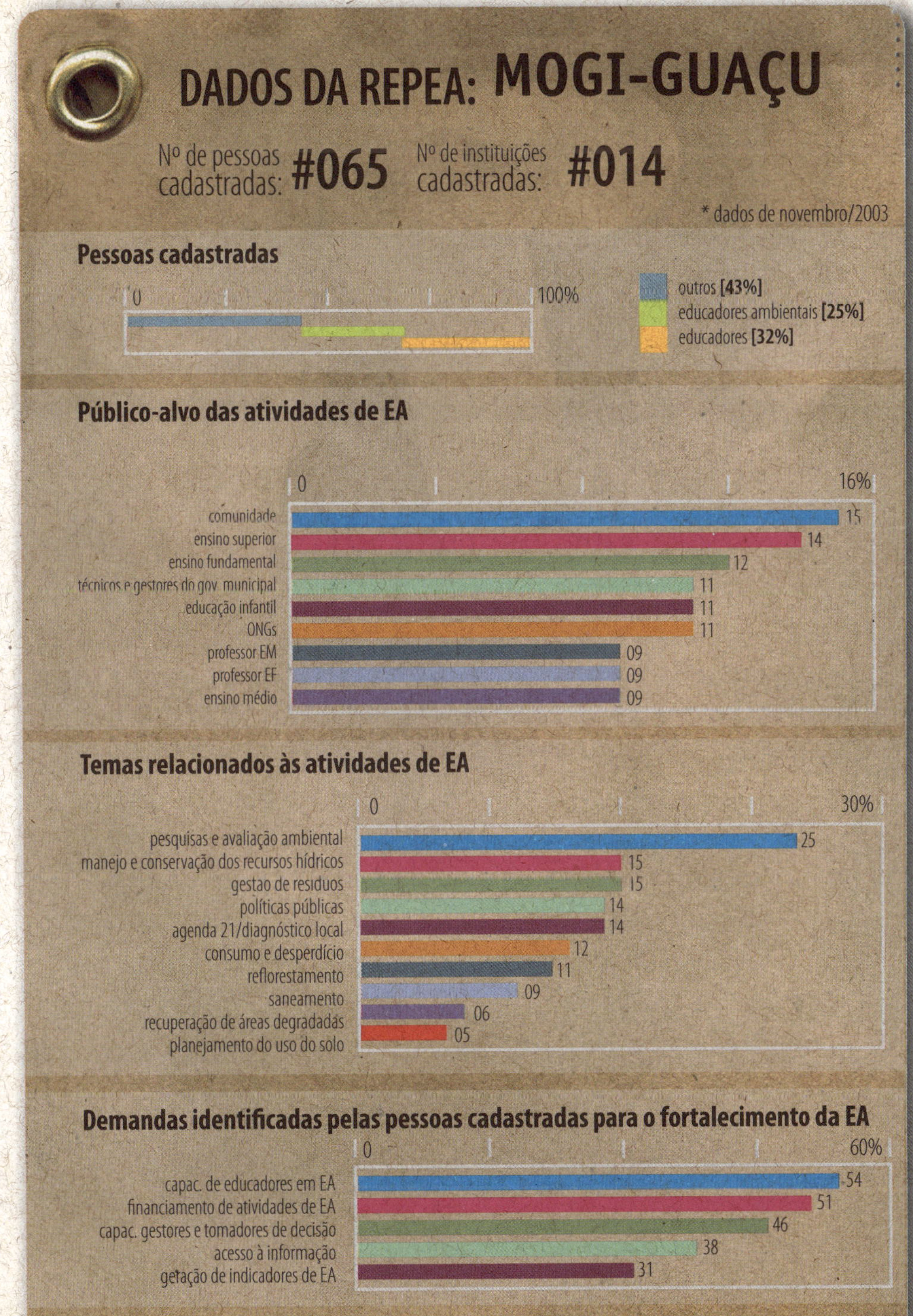

Quadro 9: Dados da REPEA: Mogi-Guacu

Análise dos dados

Do total das pessoas cadastradas na UGRHI 9, somente 57% são educadores e educadores ambientais que atuam com a comunidade, estudantes e professores dos diferentes níveis do ensino, técnicos e gestores do governo municipal, ONGs. Essa diversidade é bastante propícia ao desenvolvimento das Agendas 21 locais e merece maior atenção desses profissionais. Como o tema Políticas Públicas pode alavancar esse processo? O manejo e a conservação dos recursos hídricos foram assinalados como prioritários, indicando preocupação com os problemas relacionados à poluição das águas subterrâneas numa região de recarga do aqüífero Guarani. Como os temas planejamento do uso do solo, saneamento e consumo e desperdício estão relacionados ao manejo e conservação?

SOROCABA E MÉDIO TIETÊ

IDH SMA/2002

15

16

POPULAÇÃO IBGE/2000

1.561.475

MUNICÍPIOS

33

UC

10

CVE

RIOS PRINCIPAIS CETESB/2004

Tietê, desde a saída do reservatório de Pirapora até a barragem de Barra Bonita, rios Sorocaba, Pirajibu, Ipanema, Tatuí e Sarapuí.

IVA CETESB/2004

0 100%

IAP CETESB/2004

0 100%

ATIVIDADES ECONÔMICAS

Indústrias têxteis, alimentícias, papel, química, mecânica e eletroeletrônica, abatedouros, engenho e usina de álcool.

Mapa 10: Sorocaba e Médio Tietê

DIAGNÓSTICO

UGRHI prejudicada pela péssima qualidade das águas provenientes da Região Metropolitana, agravada pela contribuição dos rios Jundiaí e Capivari, inviabilizando a utilização do rio Tietê para abastecimento, irrigação, pesca etc. UGRHI crítica em termos de disponibilidade hídrica superficial com demandas elevadas devido à irrigação, principalmente no Alto Sorocaba. Há conflitos de uso entre a irrigação e o setor industrial no Baixo Sorocaba/Tatuí. Uso consuntivo preocupante. Também é crítica com relação ao risco de poluição das águas subterrâneas na área de recarga do sistema aqüífero Guarani, no município de Botucatu e arredores. Cinco municípios apresentam índice de abastecimento de água abaixo de 80%. A UGRHI possui 23 municípios com índice de perdas no sistema de abastecimento acima de 30%. Nela se encontra o trecho da hidrovia Tietê-Paraná, entre Conchas e a barragem de Barra Bonita (130 km). Em 1998, foram geradas 582,84 t/dia de lixo domiciliar, sendo 32% dispostas em condições inadequadas e 68%, em condições controladas. 70% dos municípios depositavam seus resíduos em instalações inadequadas e os 30% restantes em condições controladas. Há na UGRHI, em média, 12% de taxa de remoção da carga orgânica de origem doméstica. Verifica-se elevado potencial de carga orgânica industrial devido principalmente ao setor sucroalcooleiro. Criada recentemente, a APA Itupararanga visa proteger as águas do reservatório do mesmo nome, usado também para abastecimento doméstico. A UGRHI está distribuída em diferentes compartimentos geológicos e geomorfológicos. Estudos mais detalhados poderão caracterizar melhor a unidade com relação à erosão. Há alta suscetibilidade a inundações em trechos dos rios Sorocaba e Tietê, e de média a alta suscetibilidade em afluentes do rio Tietê, principalmente junto a áreas urbanas. Dos recursos destinados pelo FEHIDRO, até 1998, foram aplicados 12%. (DAEE, 1999)

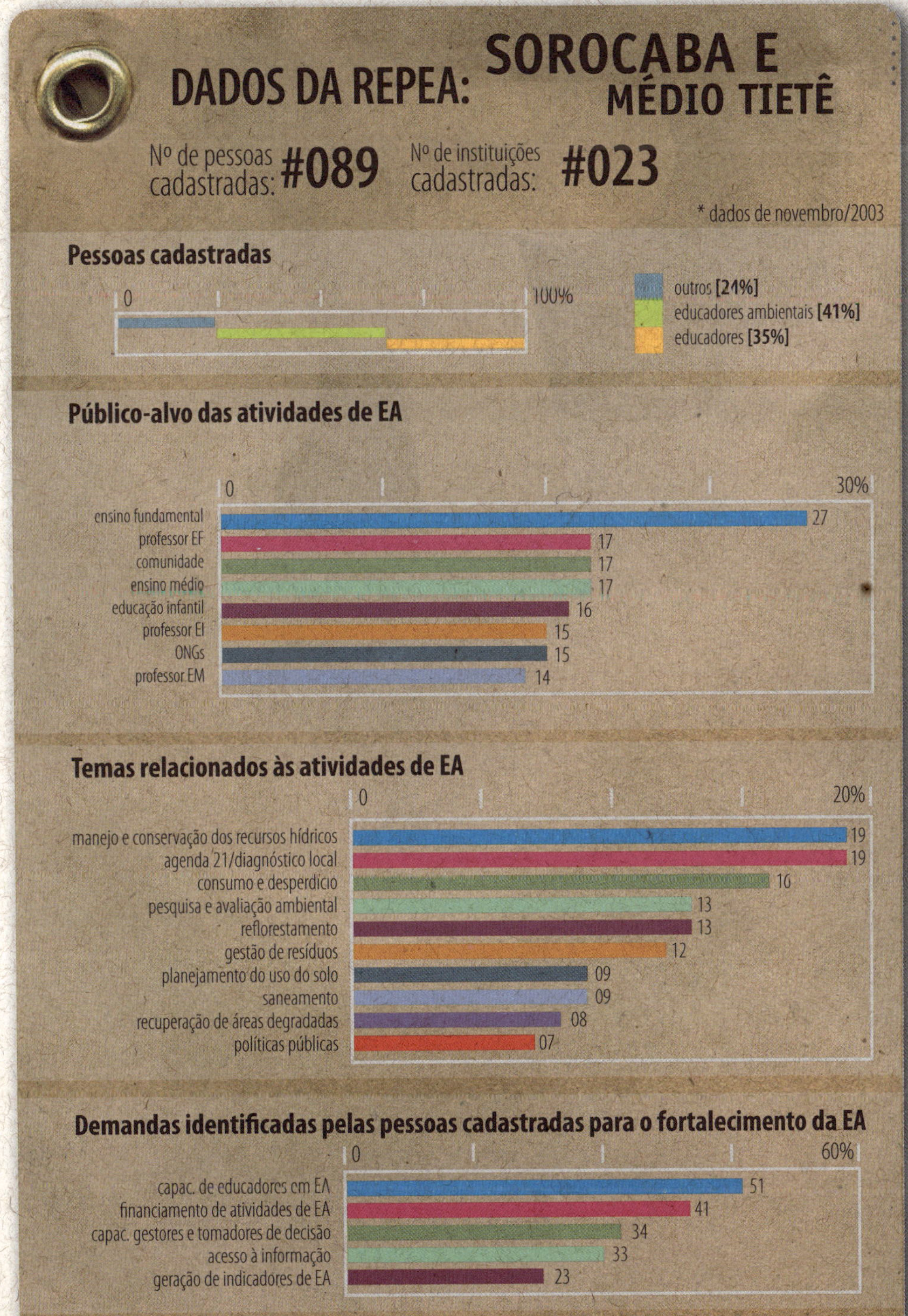

Quadro 10: Dados da REPEA: Sorocaba e Médio Tietê

Análise dos dados

Não é sem razão que o manejo e a conservação dos recursos hídricos aparecem como destaques das temáticas relacionadas às atividades de EA na região. As bacias do Sorocaba e Médio Tietê recebem águas com baixa qualidade para abastecimento público provenientes de outras UGRHIs. Outras temáticas talvez merecessem maior atenção por parte dos educadores e educadores ambientais. Quais? Um exercício de reflexão poderia ajudar. Na região há problemas relacionados à geração e disposição de resíduos? Qual a situação da coleta e tratamento de esgotos? Como esses e outros assuntos têm sido abordados pelos educadores e educadores ambientais na construção das Agendas 21 locais? Que público-alvo da EA estaria faltando para o adequado processo de construção dessas Agendas, tendo em vista que seriam elaboradas no âmbito dos municípios?

RIBEIRA DE IGUAPE E LITORAL SUL

DIAGNÓSTICO

A UGRHI não apresenta problemas de disponibilidade hídrica superficial. As demandas são baixas. Dois municípios apresentam índice de abastecimento de água abaixo de 80%. A UGRHI possui 15 municípios com índice de perdas no sistema de abastecimento acima de 30%. Quanto à quantidade gerada de resíduos sólidos domiciliares em 1998, 94% foram destinados em condições inadequadas e os 6% restantes, em condições controladas. Entre os municípios, 91% encontram-se em condições inadequadas e 9%, em condições controladas. Apresenta baixo índice de esgotamento e tratamento de esgoto doméstico. A taxa de mortalidade infantil está acima da média do Estado, possivelmente refletindo o baixo índice de esgotamento sanitário. A maior parte da UGRHI é composta por unidades de conservação que geram restrições a algumas atividades econômicas. A erosão processa-se por movimentos de massas (escorregamentos) devido ao relevo de serras e escarpas. É de média a alta a suscetibilidade a inundações ao longo dos rios Juquiá, Jacupiranga e Ribeira, atingindo tanto áreas urbanas como extensas áreas de várzeas, principalmente no trecho inferior da bacia, desde Eldorado e Juquiá até Iguape. Foram aplicados, até 1998, 16% dos recursos destinados pelo FEHIDRO à bacia. (DAEE, 1999)

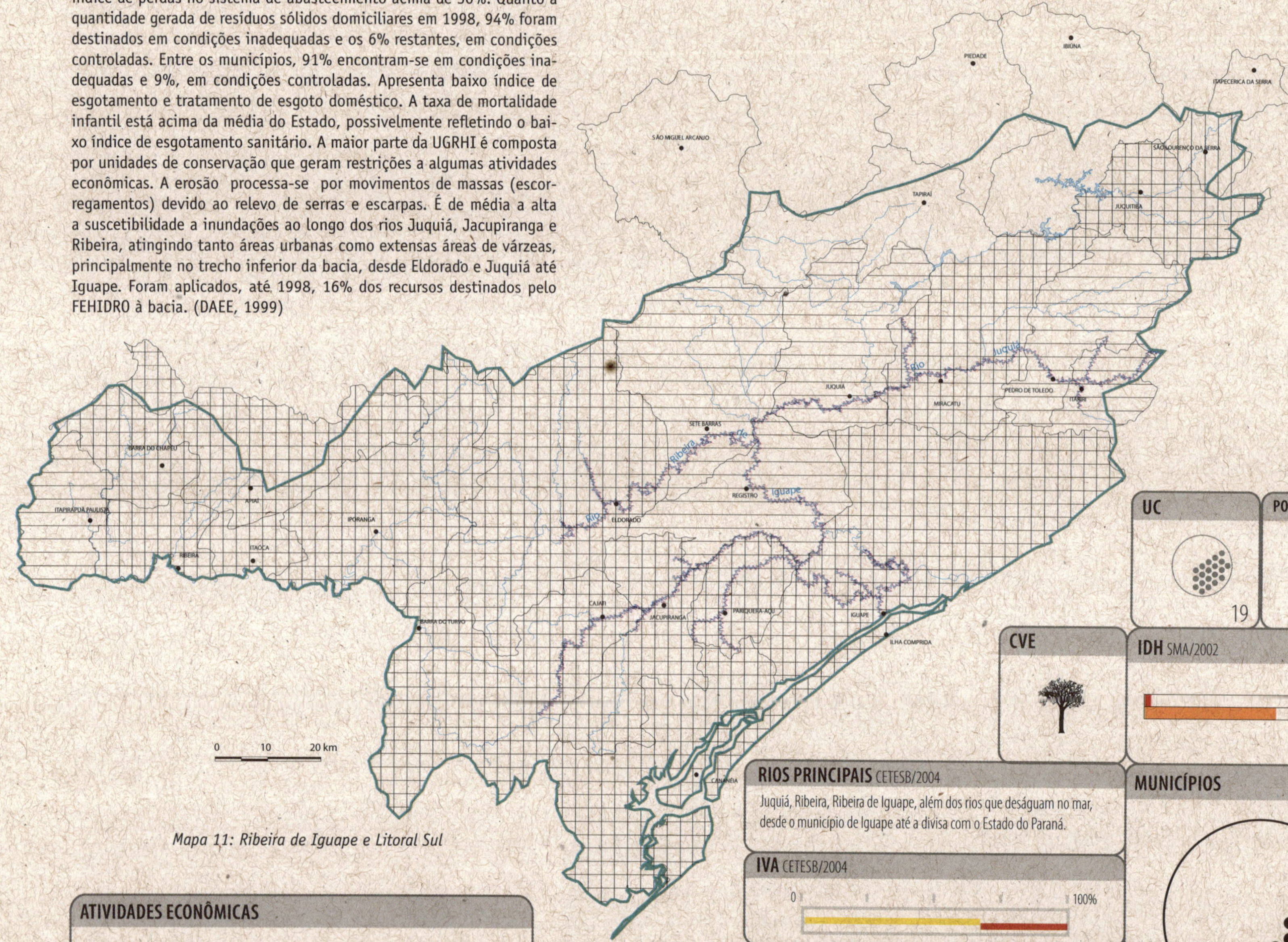

Mapa 11: Ribeira de Iguape e Litoral Sul

ATIVIDADES ECONÔMICAS

Agricultura, pesca, indústria alimentícia e mineração.

UC

19

POPULAÇÃO IBGE/2000

358.565

CVE

IDH SMA/2002

01

22

RIOS PRINCIPAIS CETESB/2004

Juquiá, Ribeira, Ribeira de Iguape, além dos rios que deságuam no mar, desde o município de Iguape até a divisa com o Estado do Paraná.

IVA CETESB/2004

0 100%

IAP CETESB/2004

0 100%

MUNICÍPIOS

23

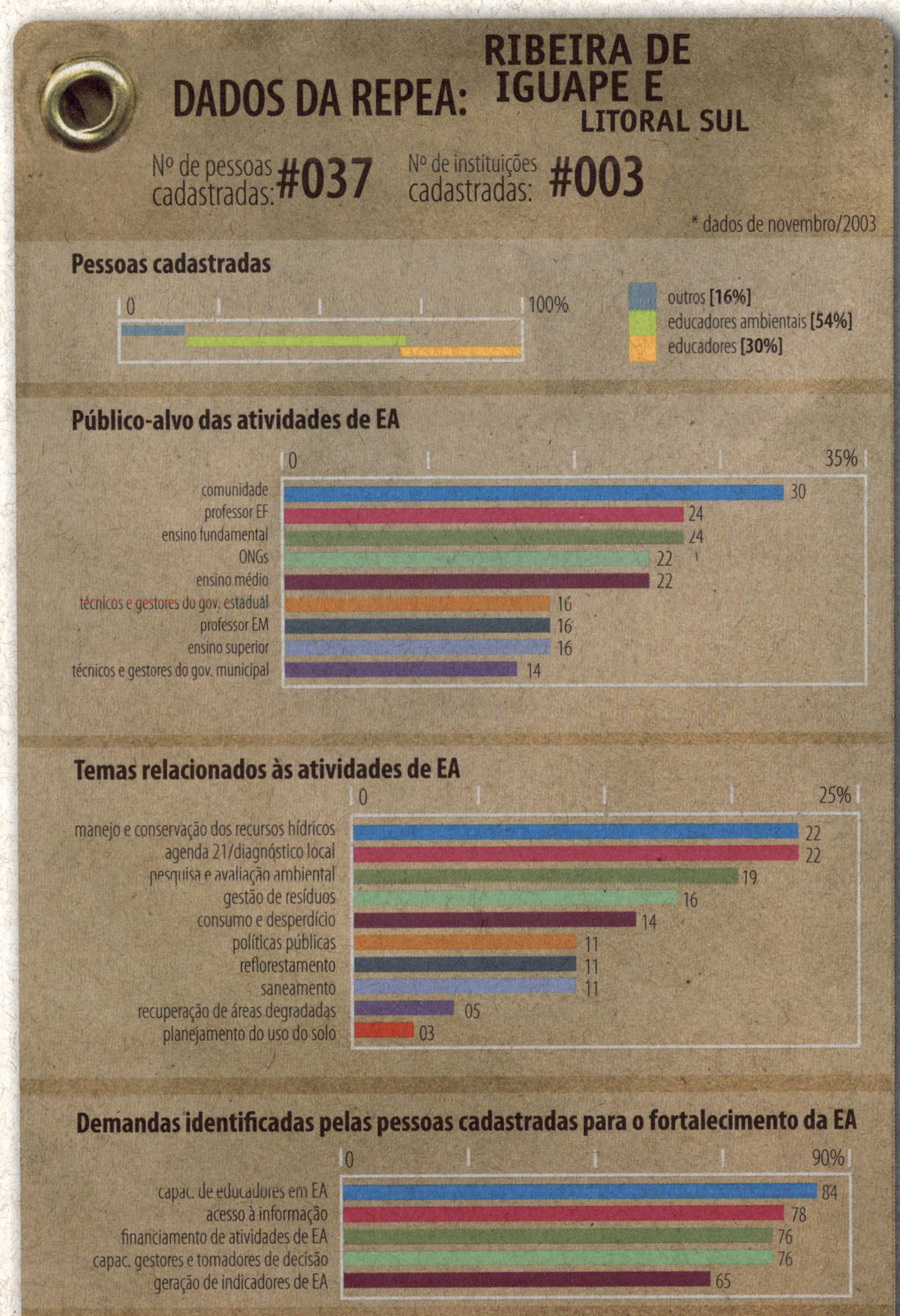

Quadro 11: Dados da REPEA: Ribeira de Iguape e Litoral Sul

Análise dos dados

O cenário mescla a elevada mortalidade infantil e o número de municípios com médio IDH, uma realidade que varia com o tempo. As ações em EA devem estar atentas a isso. O Relatório de Situação dos Recursos Hídricos do Estado de SP (2000) mostra 45% da população com esgoto tratado contra 51% em 2003 (Gráfico 12). Os resíduos sólidos que passaram de 94%, em 1999 em condições inadequadas, para 74%, em 2003, segundo Inventário Estadual de Resíduos Sólidos Domiciliares da CETESB (2003). Uma questão que pode encontrar similaridade em outras regiões diz respeito à qualidade das águas para abastecimento público. Recentemente os sedimentos do fundo dos rios e reservatórios passaram a ser analisados pela CETESB devido ao seu potencial de acumulação e liberação de contaminantes para os corpos d'água. Qual a qualidade dos sedimentos analisados nessa UGRHI?

BAIXO PARDO E GRANDE

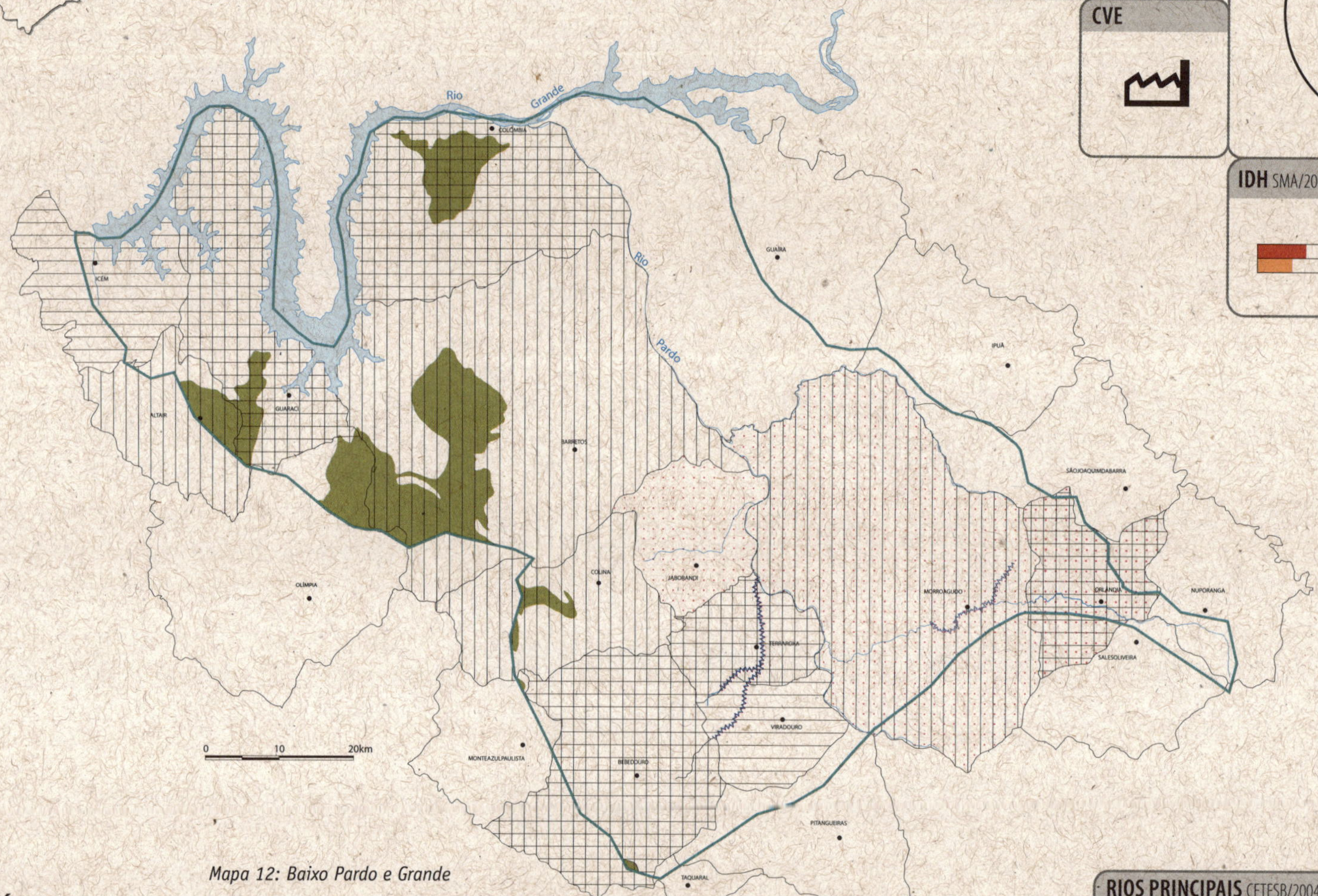

Mapa 12: Baixo Pardo e Grande

ATIVIDADES ECONÔMICAS

Indústrias alimentícias, papel e celulose e metalúrgica, curtumes, usinas e engenhos.

CVE

MUNICÍPIOS

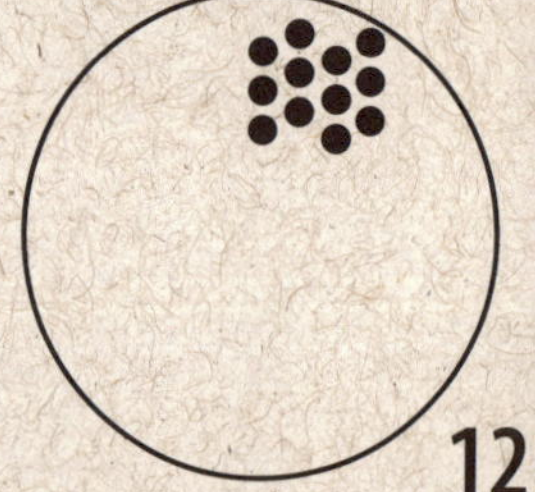

12

IDH SMA/2002

POPULAÇÃO IBGE/2000

311.896

UC

00

RIOS PRINCIPAIS CETESB/2004

Pardo, desde a foz do rio Mogi-Guaçu até a foz do rio Grande e rio Grande, desde a usina Porto Colômbia até a usina Marimbondo.

IVA CETESB/2004

IAP CETESB/2004

DIAGNÓSTICO

Bacia preocupante quanto à disponibilidade hídrica superficial. Apresenta áreas com comprometimento, como as dos ribeirões Anhumas, Velho, do Rosário e do Agudo, devido principalmente à irrigação. A UGRHI possui cinco municípios com índice de perdas no sistema de abastecimento acima de 30%. Em 1998, do total de resíduos sólidos domiciliares gerados, 60% foram destinados em condições inadequadas e os 40% restantes, em condições controladas. Do número total de municípios, 92% apresentavam condições inadequadas e 8%, condições controladas. O índice de remoção da carga orgânica de origem doméstica na UGRHI é baixo, em virtude de os maiores municípios não tratarem seus esgotos. Verifica-se alto potencial de carga orgânica industrial devido essencialmente ao setor sucroalcooleiro. A área é muito heterogênea com relação às classes de suscetibilidade à erosão. Há alta suscetibilidade a inundações em poucos afluentes do rio Pardo, que atravessam áreas urbanas, e média suscetibilidade ao longo desse rio. A UGRHI não apresenta unidades de conservação, sendo que apenas 5% da área estão preservados por vegetação nativa. Foram aplicados, até 1998, 18% dos recursos destinados pelo FEHIDRO à bacia. (DAEE, 1999)

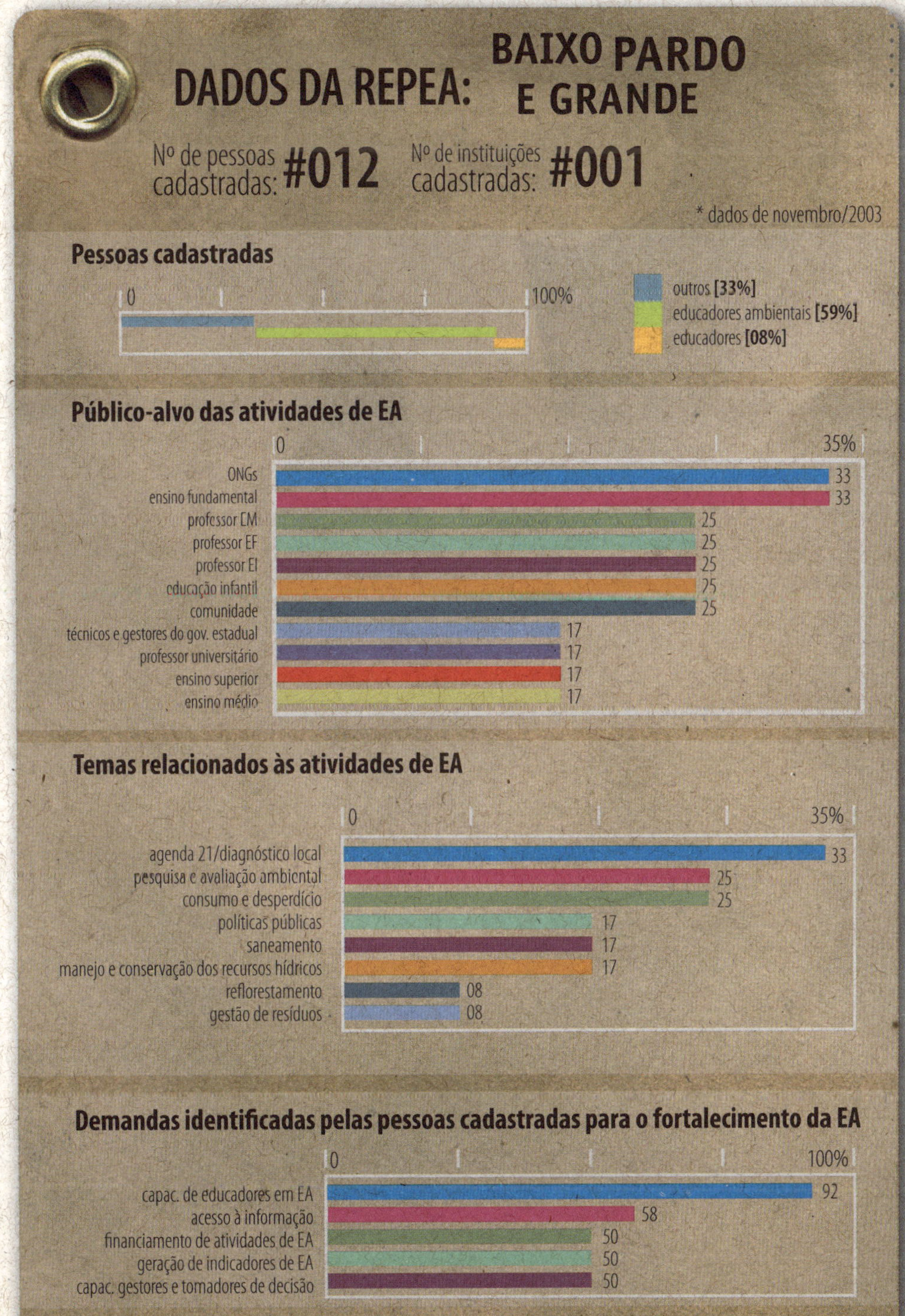

Quadro 12: Dados da REPEA: Baixo Pardo e Grande

Análise dos dados

Como explicar o contraste entre a boa qualidade das águas expressas pelo IAP e IVA e o cenário local onde há ainda reduzido esgotamento e tratamento de esgoto nos municípios, acrescido do elevado potencial poluidor das atividades econômicas da região? É pequeno o percentual de educadores cadastrados nessa UGRHI. Assim, como explicar o elevado percentual de pessoas que identificaram a capacitação de educadores em EA como prioridade para o fortalecimento da EA? Terá sido sinalizada pelos próprios educadores ambientais e pesquisadores em EA como aspecto potencial da sua própria atuação? Como os temas da Agenda 21 e das políticas públicas podem estar relacionados? O que se pretende com essas questões é estimular não só a leitura, mas a análise crítica dos dados. Muitas vezes, é necessário detalhá-los para entender melhor a realidade da região e adequar as atividades e projetos em EA.

TIETÊ E JACARÉ

Mapa 13: Tietê e Jacaré

MUNICÍPIOS

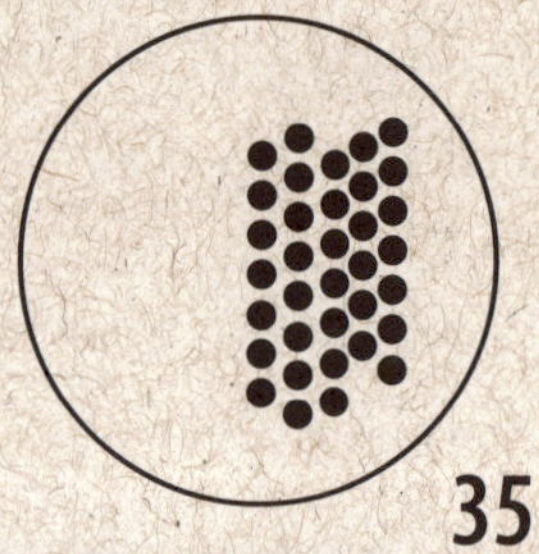

35

IDH SMA/2002

RIOS PRINCIPAIS CETESB/2004

Tietê, da barragem da UHE de Barra Bonita até a barragem de UHE de Ibitinga, rios Jacaré-Guaçu e Jacaré-Pepira.

IVA CETESB/2004

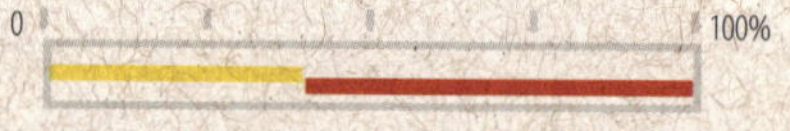

IAP CETESB/2004

CVE

POPULAÇÃO IBGE/2000

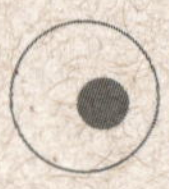

1.324.270

UC

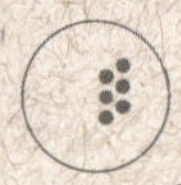

06

ATIVIDADES ECONÔMICAS

Indústrias alimentícias, curtumes, mineração, fundições, engenhos e usinas de açúcar e álcool.

DIAGNÓSTICO

Crítica em termos de disponibilidade hídrica superficial, a UGRHI apresenta demandas elevadas, devido à irrigação e ao setor sucroalcooleiro, notadamente nas bacias do médio Jacaré-Guaçu e ribeirão dos Lençóis. A bacia possui 19 municípios com índice de perdas no sistema de abastecimento acima de 30%. Há riscos de rebaixamento acentuado da superfície do lençol subterrâneo nas áreas urbanas de Bauru e Araraquara. Área crítica com relação ao risco de poluição das águas subterrâneas, na região de Bauru, Araraquara, Brotas e arredores. Na UGRHI encontra-se trecho da hidrovia Tietê-Paraná, entre as barragens de Barra Bonita e Ibitinga (140 km). Em 1998, 40% dos municípios continuavam destinando resíduos sólidos domiciliares em condições inadequadas, 40%, em condições controladas e 20%, em condições adequadas. Quanto às quantidades geradas, 22% apresentavam condições inadequadas, 12%, condições controladas e 66%, condições adequadas. A bacia apresenta baixo índice de tratamento de esgoto doméstico, com lançamentos "in natura" nos corpos d'água. Verifica-se alto potencial de carga orgânica industrial, devido essencialmente ao setor sucroalcooleiro. A UGRHI é objeto de estudos visando a orientar medidas corretivas e preventivas de controle de erosão e assoreamento. Apresenta de média a alta suscetibilidade a inundações nas sub-bacias dos rios Jacaré-Guaçu e Jacaré-Pepira, com agravamento junto a áreas urbanizadas. Foram aplicados, até 1998, 25% dos recursos destinados pelo FEHIDRO à bacia. (DAEE, 1999)

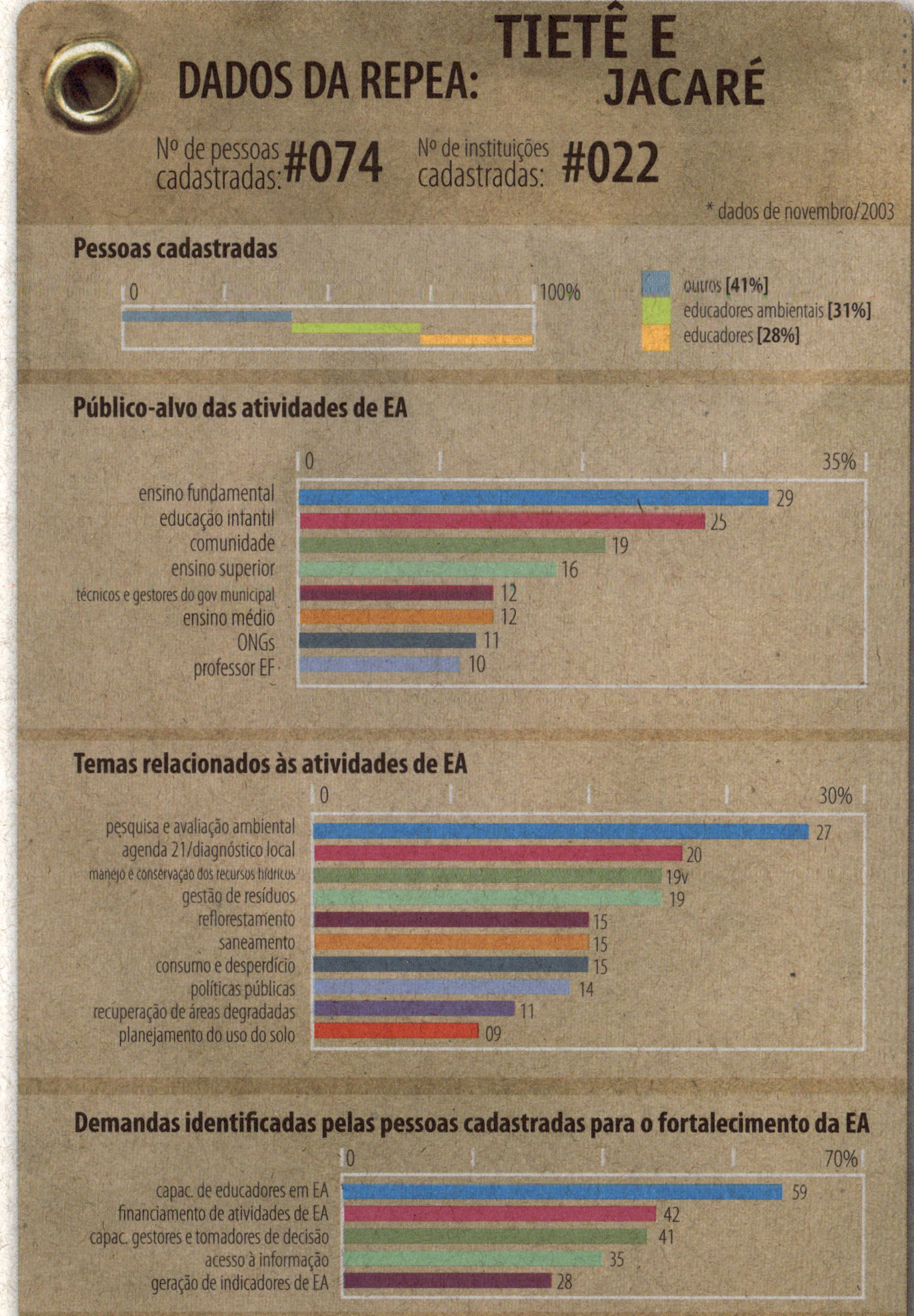

Quadro 13: Dados da REPEA: Tietê e Jacaré

Análise dos dados

Esta UGRHI apresenta maior número de pessoas cadastradas que não atuam como educadores ou educadores ambientais(41%), representando em geral estudantes do ensino superior, principalmente das universidades de São Carlos e Bauru. Dos 59% restantes, 27% dedicam especial atenção ao tema pesquisa e avaliação ambiental. Como os dados dessa pesquisa e avaliação alimentam a atuação e os projetos em EA e os demais temas? Como se dá a adequação da linguagem técnica dessa pesquisa aos diferentes públicos, como a comunidade, os professores e estudantes do ensino fundamental?

ALTO PARANAPANEMA

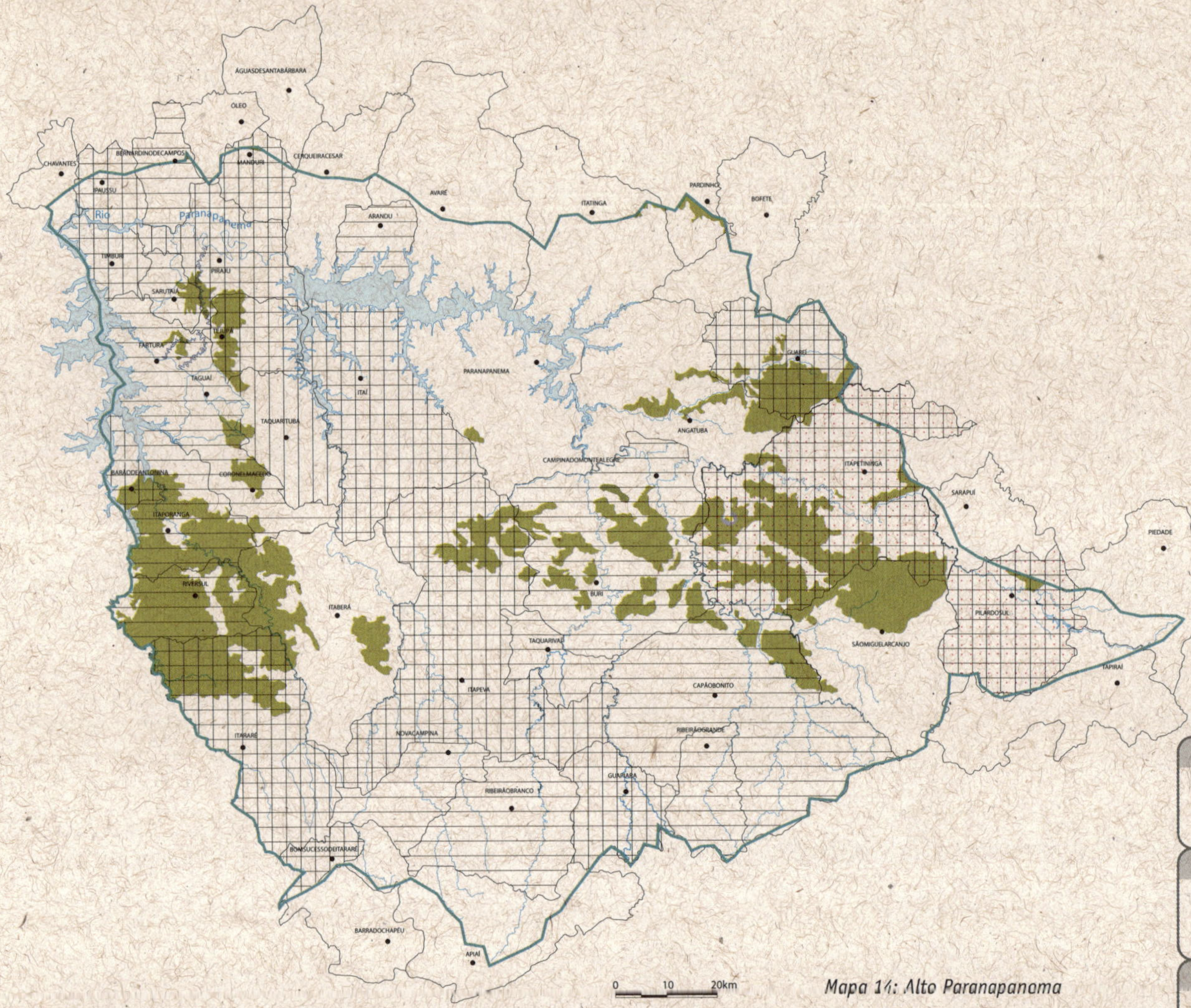

Mapa 14: Alto Paranapanema

DIAGNÓSTICO

A UGRHI não apresenta problemas de disponibilidade hídrica superficial em termos globais; contudo, existem áreas que podem ser consideradas críticas, como no Baixo Itapetininga e Alto Taquari, devido principalmente às altas demandas para irrigação. A UGRHI possui 15 municípios com índice de perdas no sistema de abastecimento acima de 30%. Apresenta área crítica com relação ao risco de poluição das águas subterrâneas na área de recarga do sistema aqüífero Guarani, nos municípios de Angatuba, Paranapanema e arredores. Em 1998, 85% dos municípios continuavam depositando seus resíduos sólidos domésticos em instalações inadequadas, 12%, em condições controladas e somente 3%, em condições adequadas. Das quantidades geradas, 87% continuavam em condições inadequadas, 11% apresentavam condições controladas e 2%, condições adequadas. É baixo o índice de remoção da carga orgânica de origem doméstica; os maiores municípios não tratam seus esgotos urbanos. Na bacia do Alto Taquari, além do déficit hídrico, a qualidade é apenas aceitável, refletindo-se no IQA do rio Itararé. Há problemas de fenóis, com origem possivelmente nas indústrias do Estado do Paraná, refletindo no IQA: O alto índice de mortalidade infantil, até 1997, reflete a inexistência de saneamento básico em alguns municípios da UGRHI. Apesar de ser a maior UGRHI do Estado, apresenta baixa concentração de erosão. Há média suscetibilidade a inundações em trechos dos rios Itapetininga, Paranapanema, em alguns afluentes deste rio, e em pontos localizados nas áreas urbanas das cabeceiras da bacia. Foram aplicados, até 1998, 22% dos recursos destinados pelo FEHIDRO à bacia.(DAEE, 1999)

MUNICÍPIOS

34

IDH SMA/2002

02

32

RIOS PRINCIPAIS CETESB/2004

Paranapanema (trecho denominado Paranapanema Alto), rios Apiaí-Guaçu, Taquari, Itapetininga e Itararé e ribeirão das Almas.

IVA CETESB/2004

0 100%

IAP CETESB/2004

0 100%

CVE

POPULAÇÃO IBGE/2000

678.607

UC

11

ATIVIDADES ECONÔMICAS

Indústrias de papel e celulose e alimentícias, mineração, engenhos e destilarias.

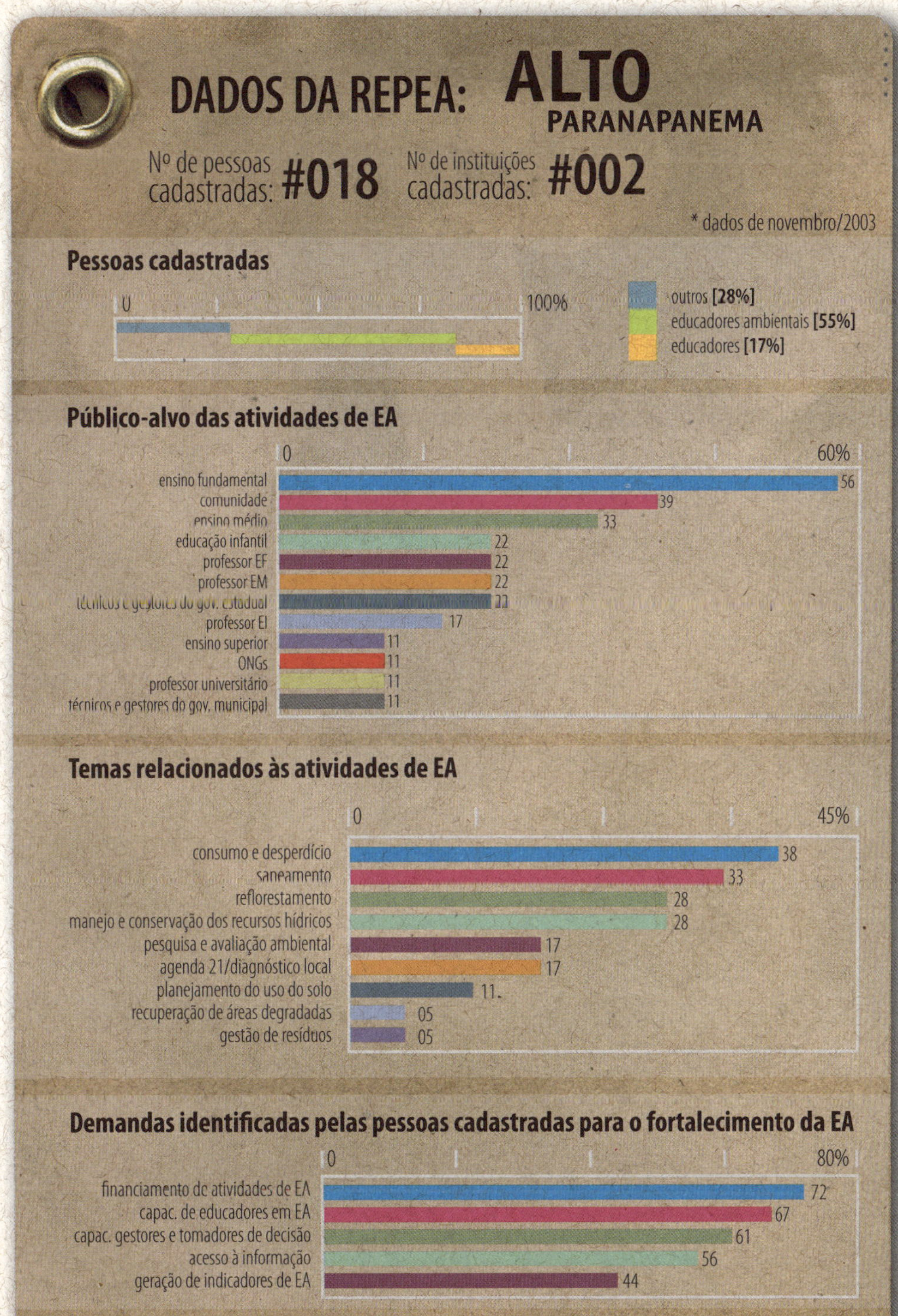

Quadro 14: Dados da REPEA: Alto Paranapanema

Análise dos dados

É considerável o percentual de pessoas que abordam o tema saneamento, um dos fatores responsáveis pelo médio IDH de 32 dos seus 34 municípios. Quais as razões para que um pequeno percentual aborde a gestão dos resíduos em sua atuação em EA, uma vez que estão igualmente relacionados ao saneamento? A comunidade é um dos públicos-alvo da atuação desses profissionais, bastante coerente para uma região com médio índice de desenvolvimento humano. As carências do Alto Paranapanema mostram a necessidade de financiamento para a EA como principal demanda identificada pelo diagnóstico da REPEA. Qual a relação entre o IDH, a necessidade de recursos e o fato de 61% identificarem a capacitação em EA para gestores e tomadores de decisão como 3ª prioridade?

TURVO E GRANDE

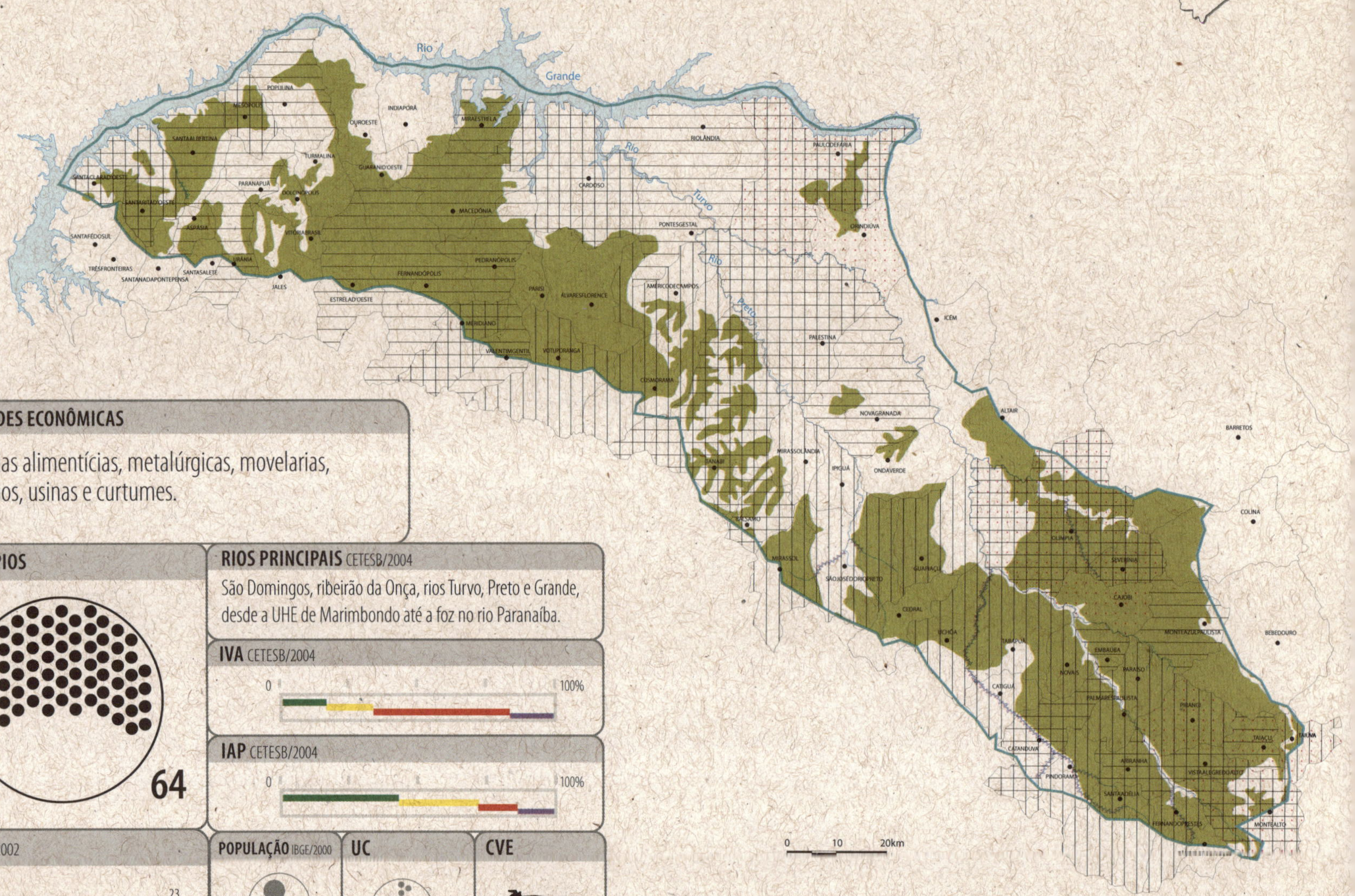

Mapa 15: Turvo e Grande

ATIVIDADES ECONÔMICAS

Indústrias alimentícias, metalúrgicas, movelarias, engenhos, usinas e curtumes.

MUNICÍPIOS

64

RIOS PRINCIPAIS CETESB/2004

São Domingos, ribeirão da Onça, rios Turvo, Preto e Grande, desde a UHE de Marimbondo até a foz no rio Paranaíba.

IVA CETESB/2004

0 100%

IAP CETESB/2004

0 100%

IDH SMA/2002

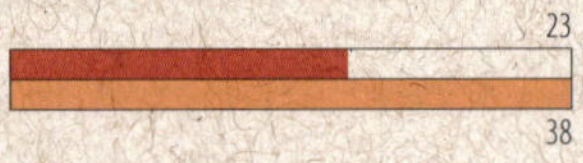

POPULAÇÃO IBGE/2000

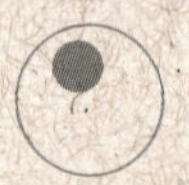

1.116.288

UC

03

CVE

DIAGNÓSTICO

A UGRHI não apresenta problemas de disponibilidade hídrica superficial em termos globais; contudo, existem áreas que podem ser consideradas críticas, como nos ribeirões Bonito/Patos e da Onça, nos córregos Jataí e Comprido e nos rios Cachoeirinha e Alto Turvo, devido principalmente às altas demandas para irrigação. Há um município com índice de abastecimento de água abaixo de 80%. A UGRHI possui 21 municípios com índice de perdas no sistema de abastecimento acima de 30%. Há riscos de rebaixamento acentuado da superfície do lençol subterrâneo na área urbana de São José do Rio Preto. Em 1998, 53% dos municípios continuavam depositando resíduos sólidos domiciliares em condições inadequadas, 25%, em condições controladas e 22%, em condições adequadas. Das quantidades geradas, 37% continuavam em condições inadequadas, 57% apresentavam condições controladas e 6%, condições adequadas. Há, na UGRHI, baixo índice de remoção da carga orgânica de origem doméstica. Seus maiores municípios apresentam pouco ou nenhum tratamento de esgoto. Verifica-se alto potencial de carga orgânica industrial, devido essencialmente ao setor sucroalcooleiro. Grande parte da área da UGRHI está comprometida pela erosão, concentrando-se principalmente nas áreas urbanas. Com duas Estações Ecológicas, só 5% da área são protegidos por vegetação nativa. Verifica-se alta suscetibilidade a inundações ao longo do rio São Domingos, na extensão do trecho urbano do córrego Rio Preto, e média suscetibilidade ao longo do rio Turvo. Foram aplicados, até 1998, 64% dos recursos destinados pelo FEHIDRO à bacia. (DAEE, 1999)

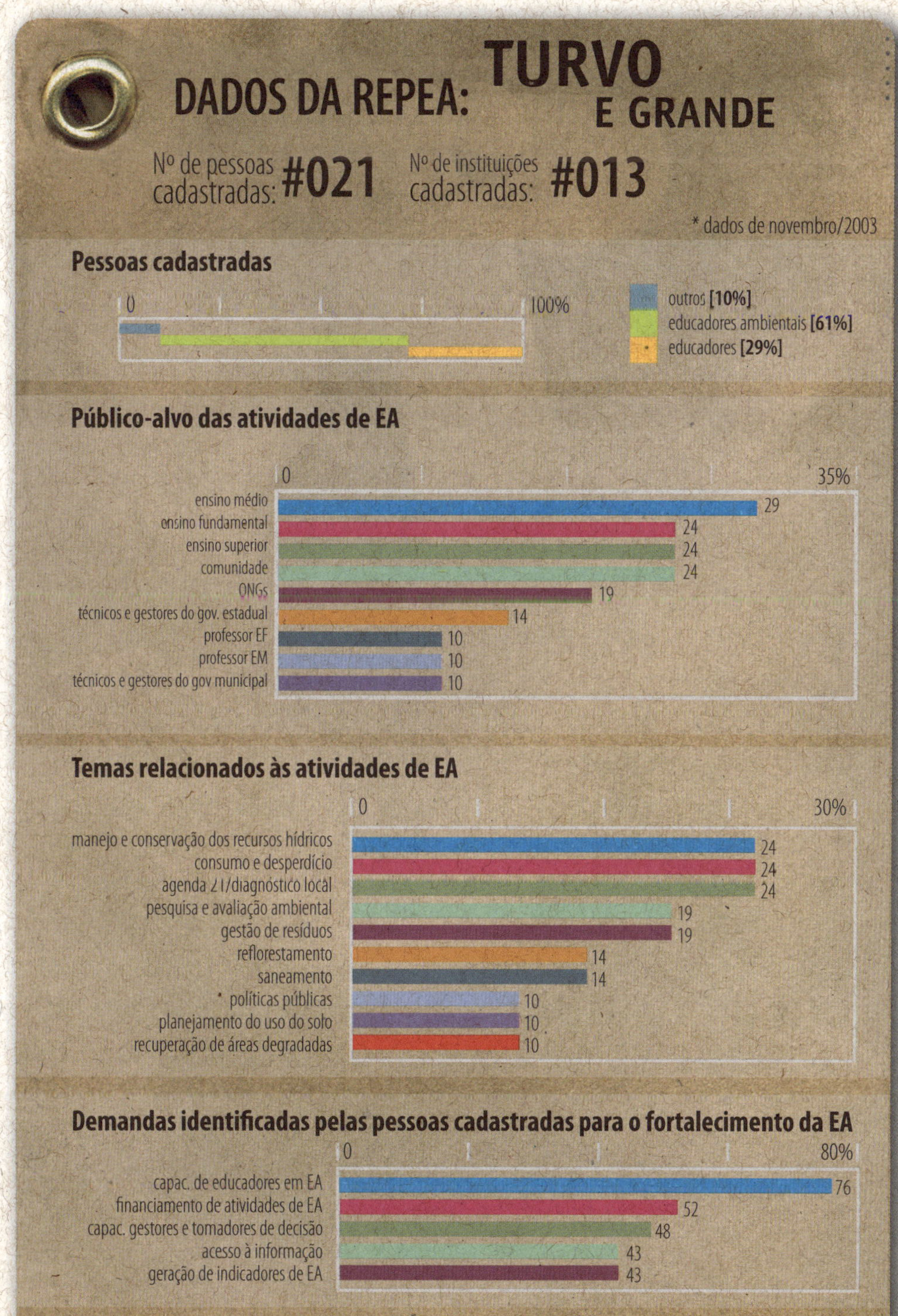

Quadro 15: Dados da REPEA: Turvo e Grande

Análise dos dados

Ocorrem problemas relacionados à qualidade das águas para abastecimento público e proteção da vida aquática. Contribuem para esse cenário o lançamento de efluentes domésticos e industriais e a falta de tratamento adequado para a remoção da carga orgânica e de metais pesados e orgânicos. A pesquisa e avaliação ambiental, bem como a conservação dos recursos hídricos, aparecem entre as principais abordagens desses profissionais, o que supõe que são aptos a responder às seguintes questões: quais os metais pesados e compostos orgânicos, seu potencial efeito deletério e atividades econômicas suas geradoras? Por que o saneamento e as políticas públicas são temas menos presentes na atuação e qual sua relação com as problemáticas citadas? O que tem contribuído para que a UGRHI possua extensas áreas comprometidas pela erosão?

TIETÊ E BATALHA

DIAGNÓSTICO

A UGRHI não apresenta problemas de disponibilidade hídrica superficial. Contudo, existem áreas que podem ser consideradas críticas devido à irrigação, o ribeirão dos Bagres, e ao uso industrial, o ribeirão Três Pontes. Há um município com índice de abastecimento de água abaixo de 80%. A UGRHI possui 12 municípios com índice de perdas no sistema de abastecimento acima de 30%. Encontra-se na UGRHI o trecho da hidrovia Tietê-Paraná, compreendido entre as barragens de Ibitinga e Promissão (130 km). Em 1998, 42% dos municípios continuavam depositando resíduos sólidos domiciliares em condições inadequadas, 55%, em condições controladas e 3%, em condições adequadas. Das quantidades geradas, 29% continuavam em condições inadequadas, 54% apresentavam condições controladas e 17%, condições adequadas. A bacia revela índice baixo de remoção de carga orgânica de origem doméstica dentro da média do Estado e alto potencial de carga orgânica industrial devido essencialmente ao setor sucroalcooleiro. A taxa de mortalidade infantil registra nível acima da média do Estado. Como grande parte de sua área está comprometida por processos erosivos, merece atenção especial o município de Bauru, com alto índice de voçorocas. Da área da bacia somente 5% encontram-se preservados por vegetação nativa. A UGRHI possui uma Terra Indígena e nenhum outro tipo de unidade de conservação. Apresenta alta suscetibilidade a inundações em trechos urbanos de alguns afluentes do rio Tietê. Foram aplicados, até 1998, 43% dos recursos destinados pelo FEHIDRO à bacia. (DAEE, 1999)

Mapa 16: Tietê e Batalha

IDH SMA/2002

15

18

MUNICÍPIOS

33

POPULAÇÃO IBGE/2000

465.139

UC

01

CVE

RIOS PRINCIPAIS CETESB/2004

Tietê, da barragem da UHE de Ibitinga até a barragem da UHE de Promissão.

IVA CETESB/2004

0 100%

IAP CETESB/2004

0 100%

ATIVIDADES ECONÔMICAS

Indústrias alimentícias, engenhos, usinas de açúcar e álcool e curtumes.

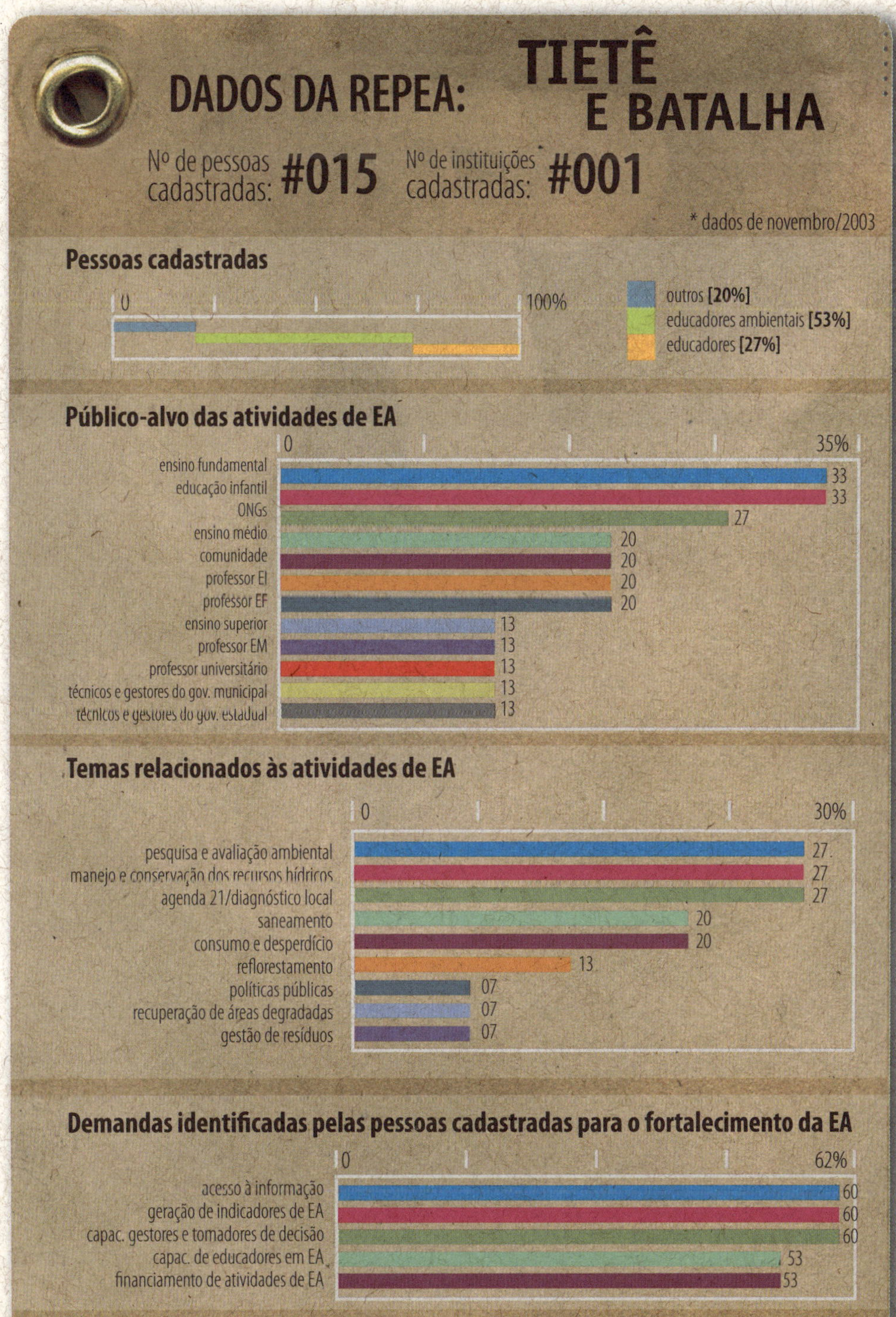

Quadro 16: Dados da REPEA: Tietê e Batalha

Análise dos dados

Olhando o mapa da UGRHI do Tietê e Batalha, o que mais chama atenção? Os problemas relacionados ao elevado processo de erosão podem ser atribuídos às características naturais da região ou às atividades econômicas aí desenvolvidas? O índice de qualidade das águas de abastecimento público classifica esses mananciais de bom a ótimo, mas a vida aquática não usufrui dessa mesma situação. Por quê? O que tem acarretado o elevado índice de mortalidade infantil? Para obter as respostas a essas e outras questões que comprometem a qualidade de vida da região e o atuar em EA pertinente à realidade local, é imprescindível o acesso às informações. No entanto, esse acesso parece ser uma das maiores dificuldades dos educadores ambientais. A geração de indicadores em EA aparece como uma das principais demandas, sinalizando a importância de diagnósticos, como o da REPEA, para a atuação desses profissionais.

MÉDIO PARANAPANEMA

DIAGNÓSTICO

Não há problemas de disponibilidade hídrica superficial na bacia. Existem dois municípios com índice de abastecimento de água abaixo de 80%. A UGRHI possui 19 municípios com índices de perdas no sistema de abastecimento acima de 30%. Em 1998, 37% dos municípios continuavam depositando resíduos sólidos domiciliares em condições inadequadas, 29%, em condições controladas e 34%, em condições adequadas. A bacia apresenta baixo índice de remoção de carga orgânica de origem doméstica, sendo os municípios pequenos responsáveis pela maior parcela de remoção. Verifica-se alto potencial de carga orgânica industrial na UGRHI, devido essencialmente ao setor sucroalcooleiro. Registram-se vários problemas de erosão, merecendo atenção especial os rios Novo e Capivara. A bacia apresenta alta suscetibilidade a inundações apenas no município de Avaré. Foram aplicados, até 1998, 63% dos recursos destinados pelo FEHIDRO à bacia. (DAEE, 1999)

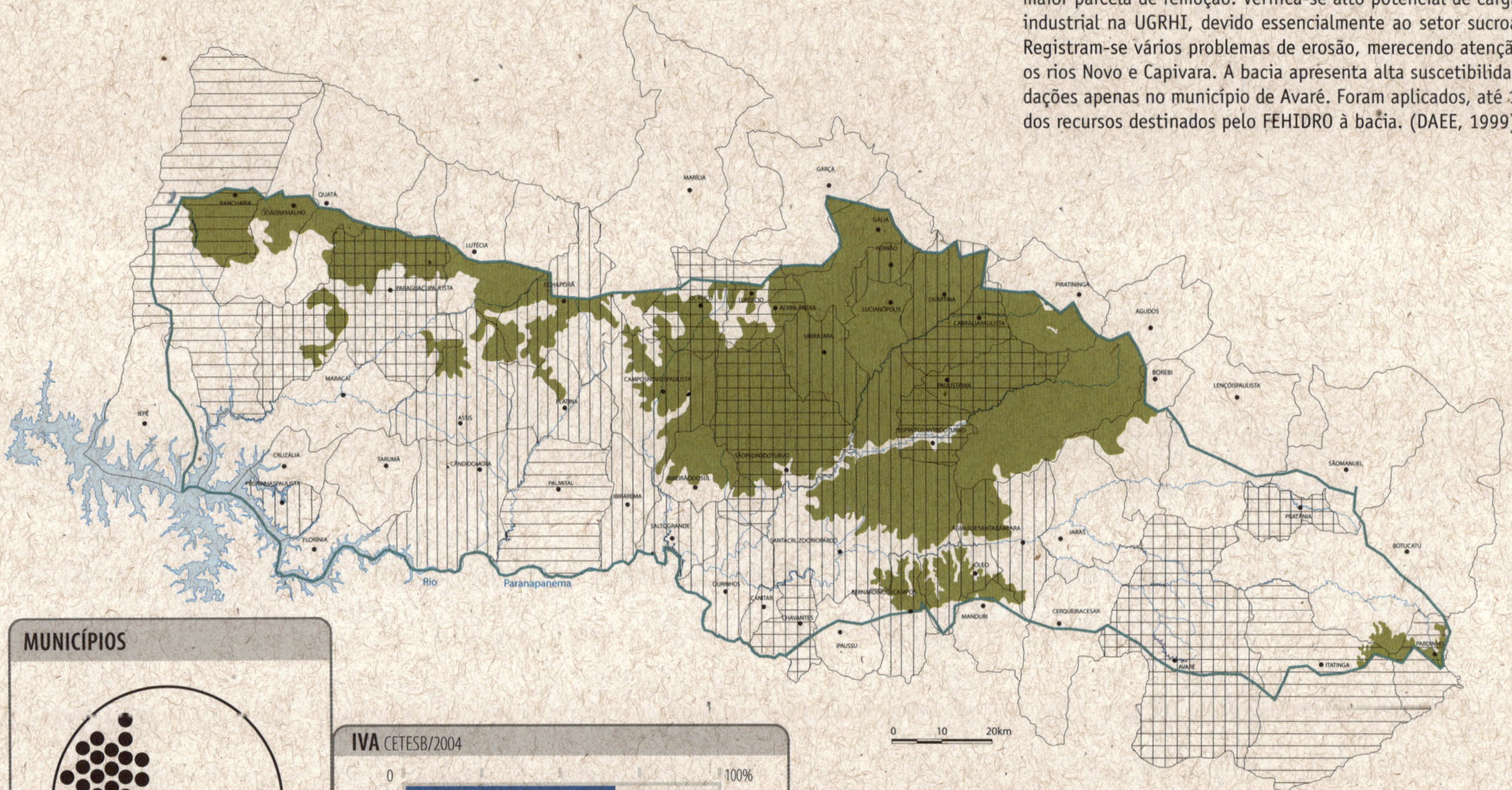

Mapa 17: Médio Paranapanema

MUNICÍPIOS

41

IVA CETESB/2004

0 100%

IAP CETESB/2004

0 100%

RIOS PRINCIPAIS CETESB/2004

Paranapanema e seus afluentes, desde o reservatório da UHE Xavantes até a UHE de Capivara e rios Capivara e Turvo.

IDH SMA/2002

17

22

POPULAÇÃO IBGE/2000

619.330

UC

04

CVE

ATIVIDADES ECONÔMICAS

Indústrias alimentícias e cerâmica, frigoríficos, fecularia, engenhos de aguardente, destilarias de álcool.

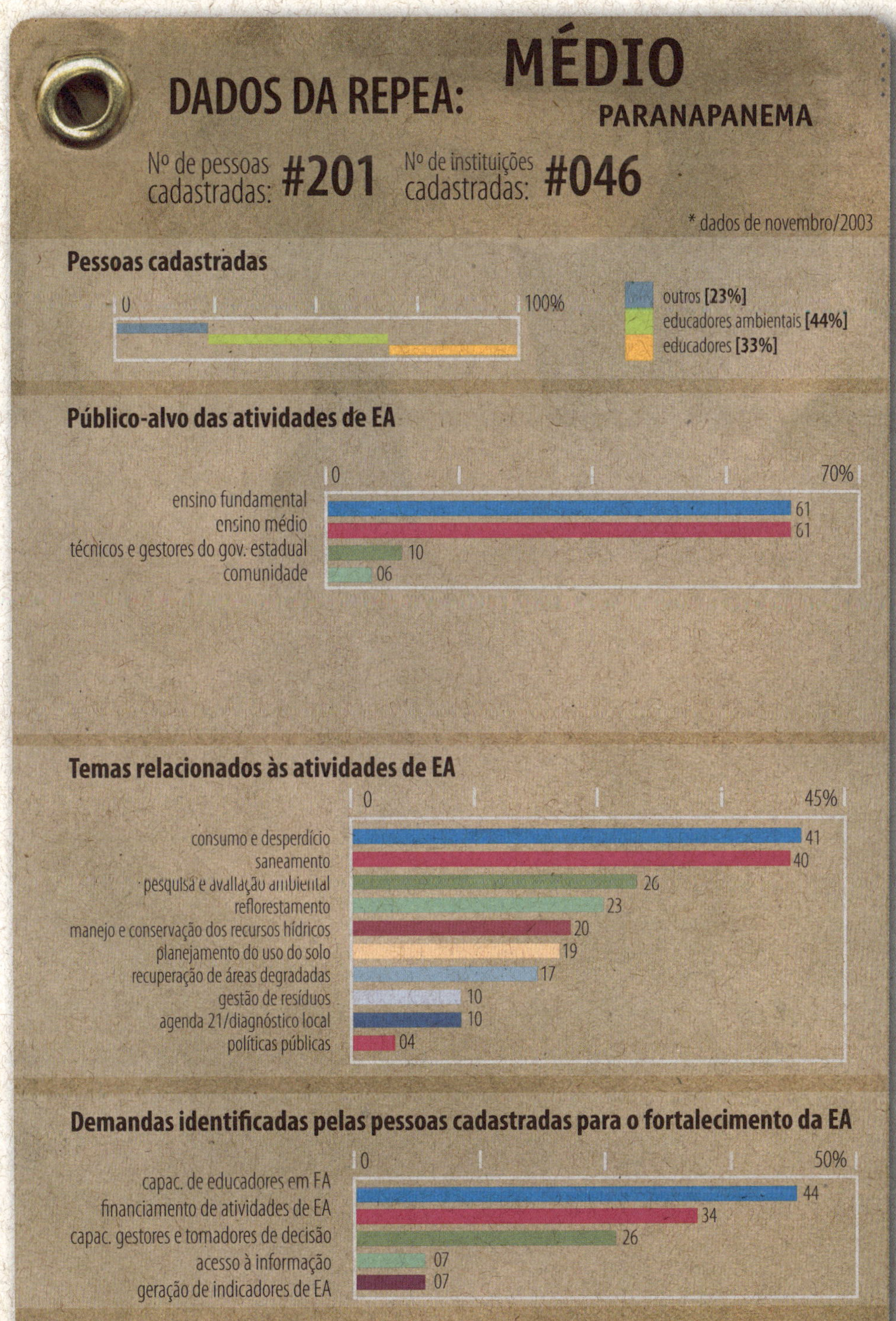

Quadro 17: Dados da REPEA: Médio Paranapanema

Análise dos dados

40% das pessoas cadastradas do Médio Paranapanema apontaram o saneamento como alvo da sua atuação em EA, representando o maior contingente entre todas as UGRHI do Estado de São Paulo. O que leva essas pessoas a se preocuparem com essa questão, se a qualidade das águas para o abastecimento público e proteção da vida aquática está entre boa e ótima? Tal preocupação está associada ao baixo percentual de remoção e tratamento de esgotos domésticos e ao destino dos resíduos sólidos? Que municípios dessa região tratam seus esgotos? Há relação entre esse dado e o IDH desses municípios? Toda água captada para abastecimento público é tratada? O consumo e o desperdício são apontados como outro tema de destaque. Essa abordagem aparentemente não está associada nem aos recursos hídricos nem aos resíduos sólidos, como parece indicar a grande diferença de percentuais de atuação entre esses temas. Será que o consumo e desperdício de energia elétrica contribuem para atingir esse percentual?

SÃO JOSÉ DOS DOURADOS

DIAGNÓSTICO

Não há na bacia problemas de disponibilidade hídrica superficial em termos globais. A UGRHI possui cinco municípios com índice de perdas no sistema de abastecimento acima de 30%. A hidrovia Tietê-Paraná tem na área uma extensão de 110 km, da foz do rio Grande até o canal de Pereira Barreto. Em 1998, 64% dos municípios continuavam depositando resíduos sólidos domiciliares em condições inadequadas, 20%, em condições controladas e 16%, em condições adequadas. Quanto às quantidades geradas, 68% continuavam em condições inadequadas, 16%, em condições controladas e 16%, em condições adequadas. Apesar de a remoção da carga orgânica de origem doméstica ser superior à média estadual, o principal município da UGRHI ainda não trata seus efluentes. Como uma das menores Unidades de Gerenciamento dos Recursos Hídricos do Estado, revela uma concentração de erosão que gera impacto em toda a área da bacia. Não apresenta unidades de conservação; apenas 2% de sua área estão preservados por vegetação nativa. Há baixa incidência de inundações na bacia. Foram aplicados, até 1998, 50% dos recursos destinados pelo FEHIDRO à bacia. (DAEE, 1999)

Mapa 18: São José dos Dourados

MUNICÍPIOS

25

IVA CETESB/2004

0 — 100%

IAP CETESB/2004

0 — 100%

RIOS PRINCIPAIS CETESB/2004

São José dos Dourados e rio Paraná, desde a foz do rio Paranaíba até a barragem do reservatório de Ilha Solteira.

IDH SMA/2002

08

15

POPULAÇÃO IBGE/2000

214.597

UC

00

CVE

ATIVIDADES ECONÔMICAS

Frigoríficos, laticínios, curtumes, usinas e destilarias.

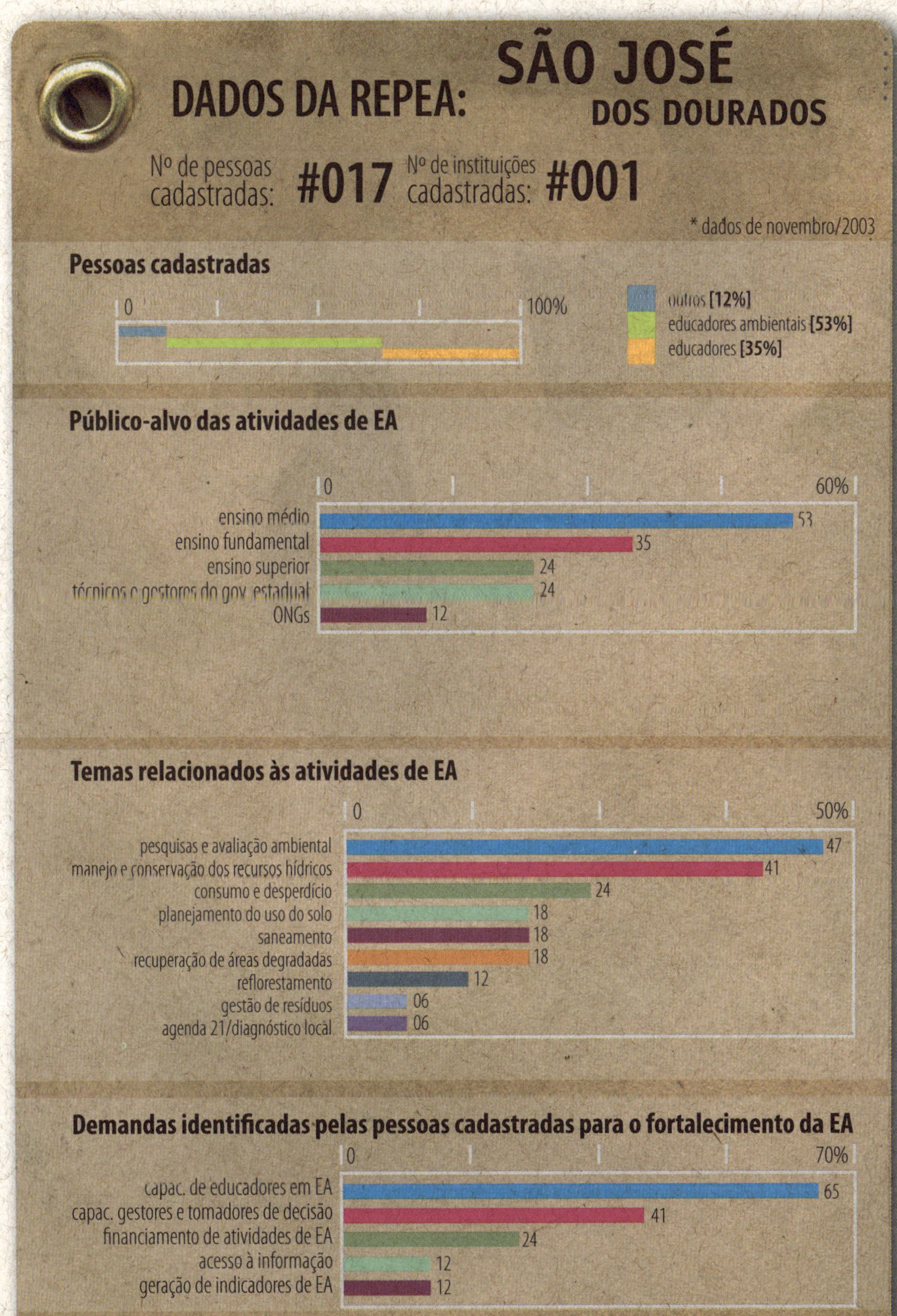

Quadro 18: Dados da REPEA: São José dos Dourados

Análise dos dados

Se os percentuais de remoção e tratamento dos efluentes domésticos são os maiores entre todas as UGRHI do Estado (97%), o que pode estar comprometendo a qualidade das águas com relação à proteção da vida aquática? Qual a contribuição das atividades econômicas da região para esse quadro e para o pronunciado processo de erosão em toda a bacia? A inexistência de unidades de conservação tem alguma relação com tais aspectos? Diante desse quadro, a preocupação com temas, como o planejamento e uso do solo e recuperação de áreas degradadas, ainda não está presente na atuação de grande percentual dos educadores e educadores ambientais. O fato de a capacitação de gestores e tomadores de decisão estar entre as duas maiores demandas (41%) talvez seja um indicativo de que se consideram esses problemas concernentes mais ao poder público que à sociedade civil. Será?

BAIXO TIETÊ

DIAGNÓSTICO

Bacia preocupante quanto à disponibilidade hídrica superficial, com probabilidade de escassez no futuro devido à irrigação e já com 45% das sub-bacias com nível crítico notadamente entre Promisão e Araçatuba e próximo da foz do Tietê. A UGRHI possui 14 municípios com índice de perdas no sistema de abastecimento acima de 30%. A hidrovia Tietê-Paraná na UGRHI tem 310 km de extensão entre as barragens de Promissão, no rio Tietê, e Castilho, no rio Paraná. Em 1998, 69% dos municípios continuavam depositando resíduos sólidos domiciliares em condições inadequadas, 14%, em condições controladas e 17%, em condições adequadas. Quanto às quantidades geradas, 74% continuavam em condições inadequadas, 6%, em condições controladas e 20%, em condições adequadas. Apesar de apresentar um dos maiores índices de remoção de carga orgânica de origem doméstica do Estado, a bacia ainda se encontra abaixo de 50%. Algumas das maiores cidades apresentam tratamento insignificante. Verifica-se na UGRHI alto potencial de carga orgânica industrial, devido essencialmente ao setor sucroalcooleiro. Aproximadamente metade da UGRHI possui alta suscetibilidade à erosão; entretanto, apresenta número reduzido de ocorrências. Há alta suscetibilidade a inundações em alguns afluentes do rio Tietê. Foram aplicados, até 1998, 50% dos recursos destinados pelo FEHIDRO à bacia. (DAEE, 1999)

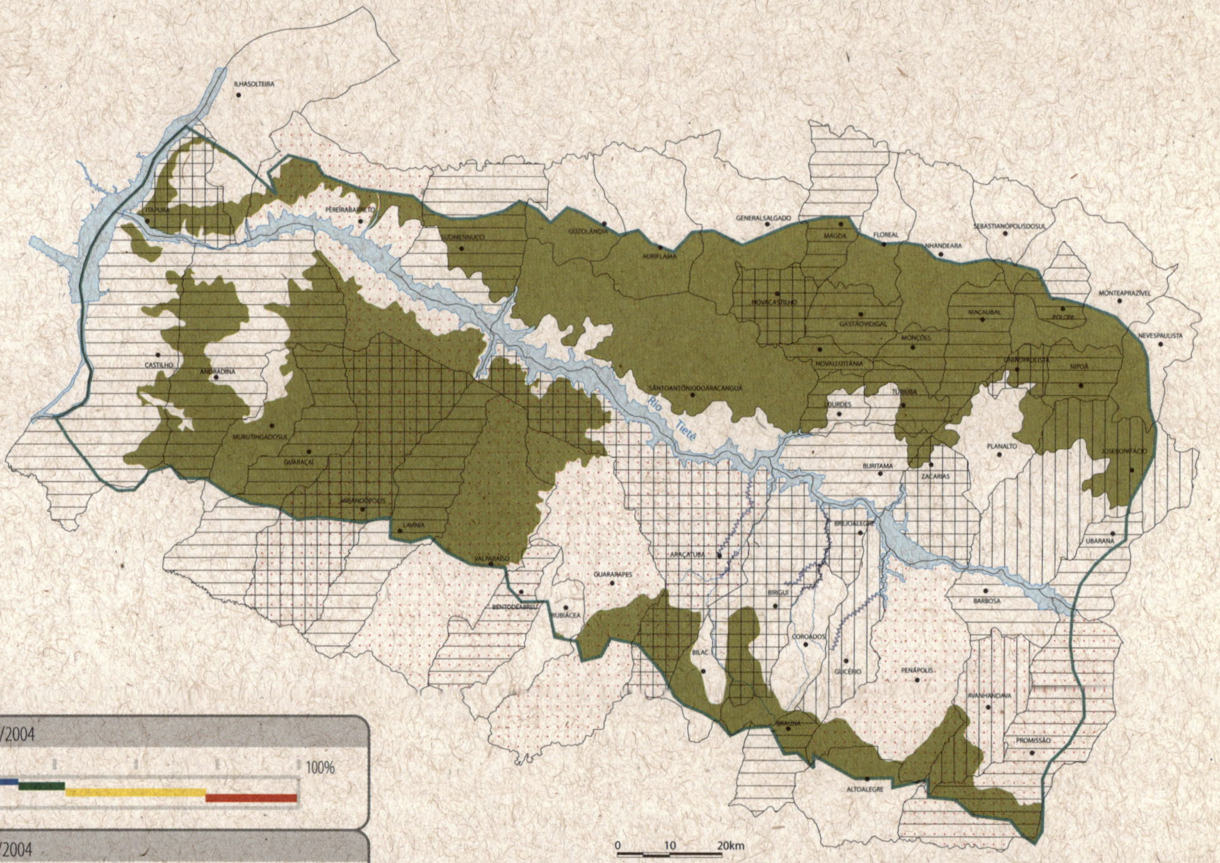

Mapa 19: Baixo Tietê

UC

03

CVE

POPULAÇÃO IBGE/2000

684.641

MUNICÍPIOS

42

IVA CETESB/2004

0 100%

IAP CETESB/2004

0 100%

IDH SMA/2002

15

24

ATIVIDADES ECONÔMICAS

Indústrias alimentícias, usinas de açúcar e álcool, curtumes e calçados.

RIOS PRINCIPAIS CETESB/2004

Tietê, desde a barragem da UHE de Promissão até sua foz no rio Paraná e rio Paraná desde a barragem de Ilha Solteira até a ilha denominada Ilha Comprida.

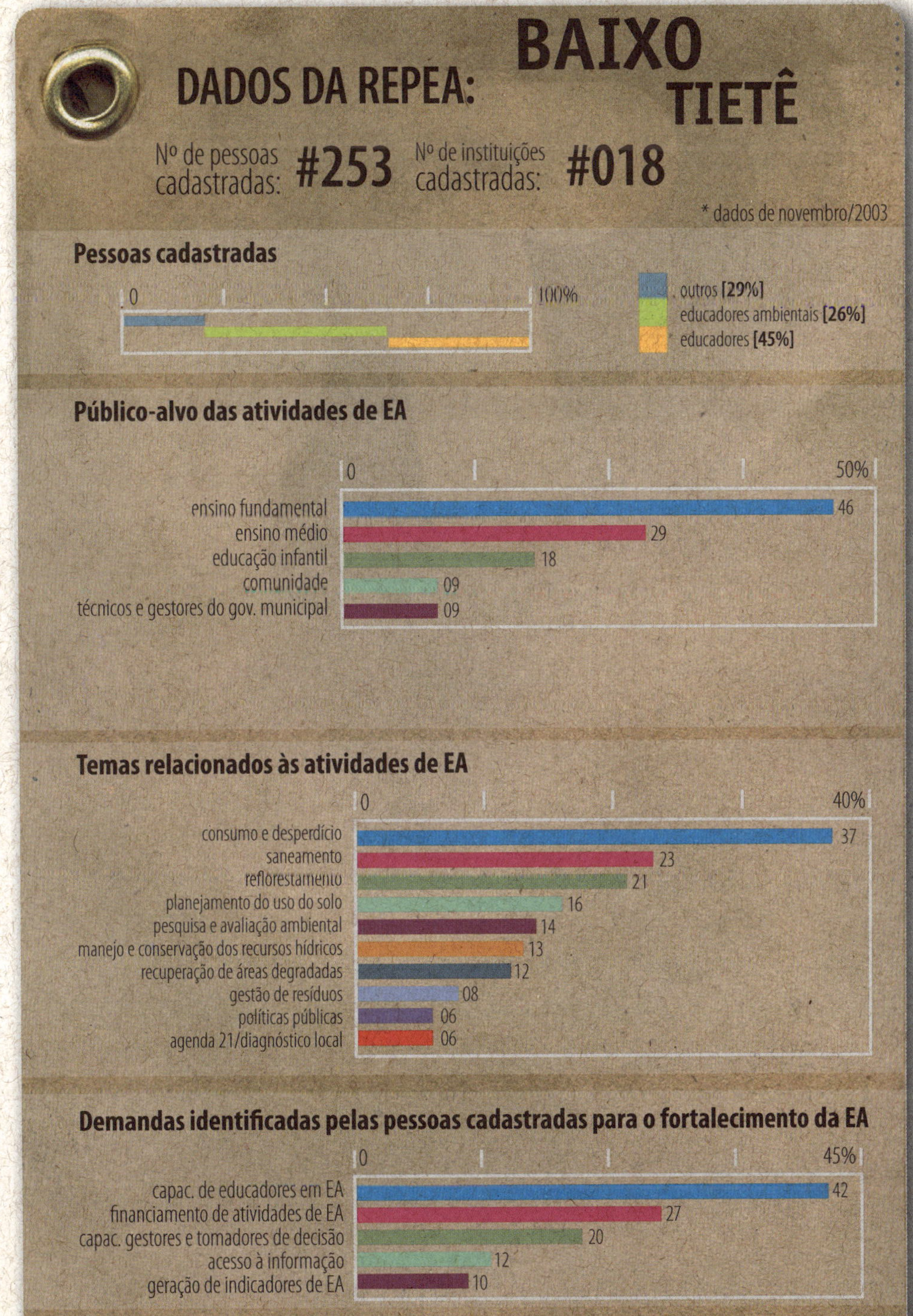

Quadro 19: Dados da REPEA: Baixo Tietê

Análise dos dados

Apesar de o tratamento de esgotos domésticos atingir o patamar de 73%, um dos mais elevados percentuais do Estado, há comprometimento das águas de abastecimento público, bem como da vida aquática dessa região. A que se deve essa situação? A temática do saneamento, bastante pertinente à questão exposta, é objeto da atuação dos educadores e educadores ambientais cadastrados no diagnóstico da EA da REPEA nesta UGRHI. Qual a perspectiva local quanto à disponibilidade de água para abastecimento no futuro? Não será expressivo o percentual de profissionais com atividades em EA voltadas ao manejo e conservação dos recursos hídricos? Sua preocupação quanto ao planejamento do uso e ocupação do solo está ligada à suscetibilidade à erosão que ocorre em grande área dessa região?

AGUAPEÍ

Mapa 20: Aguapeí

DIAGNÓSTICO

A bacia não apresenta problemas de disponibilidade hídrica superficial, em termos globais. Há um município com índice de abastecimento de água abaixo de 80%. A UGRHI possui 16 municípios com índice de perdas no sistema de abastecimento acima de 30%. Na área da UGRHI, a hidrovia Tietê-Paraná tem a extensão de 60 km entre Panorama e Castilho. Em 1998, 64% dos municípios continuavam depositando resíduos sólidos domiciliares em condições inadequadas, 15%, em condições controladas e 21%, em condições adequadas. Quanto às quantidades geradas, 71% continuavam em condições inadequadas, 17%, em condições controladas e 12%, em condições adequadas. A UGRHI 20 tem grande simbiose com a UGRHI-21, isso porque a maior parte das sedes municipais encontra-se ao longo do divisor de águas dessas duas unidades hidrográficas. O índice de remoção de carga orgânica de origem doméstica é maior que a média estadual, porém, não chega a 50%, em virtude de alguns de seus maiores municípios ainda não tratarem seus efluentes. Bacia com alto índice de criticidade, deve ser objeto de estudos pontuais, visando a medidas corretivas e preventivas de controle de erosão e assoreamento. Apenas 4% da bacia são preservados por vegetação nativa. Em 1998, foi instituído um Parque Estadual. Há média suscetibilidade a inundações nos trechos médio e inferior do rio Aguapeí e alta suscetibilidade às margens do rio Paraná. Foram aplicados, até 1998, 63% dos recursos destinados pelo FEHIDRO, incluindo a UGRHI 21. (DAEE, 1999)

MUNICÍPIOS

32

CVE

IDH SMA/2002

11

19

RIOS PRINCIPAIS CETESB/2004

Aguapeí, Paraná, Feio ou Tibiriçá, Caingangue, ribeirões Aguapeí-Mirim, Feio ou Lajeado, Iacri, Sapé e Claro.

IVA CETESB/2004

0 — 100%

IAP CETESB/2004

0 — 100%

UC

02

POPULAÇÃO IBGE/2000

347.435

ATIVIDADES ECONÔMICAS

Predominantemente agroindústrias.

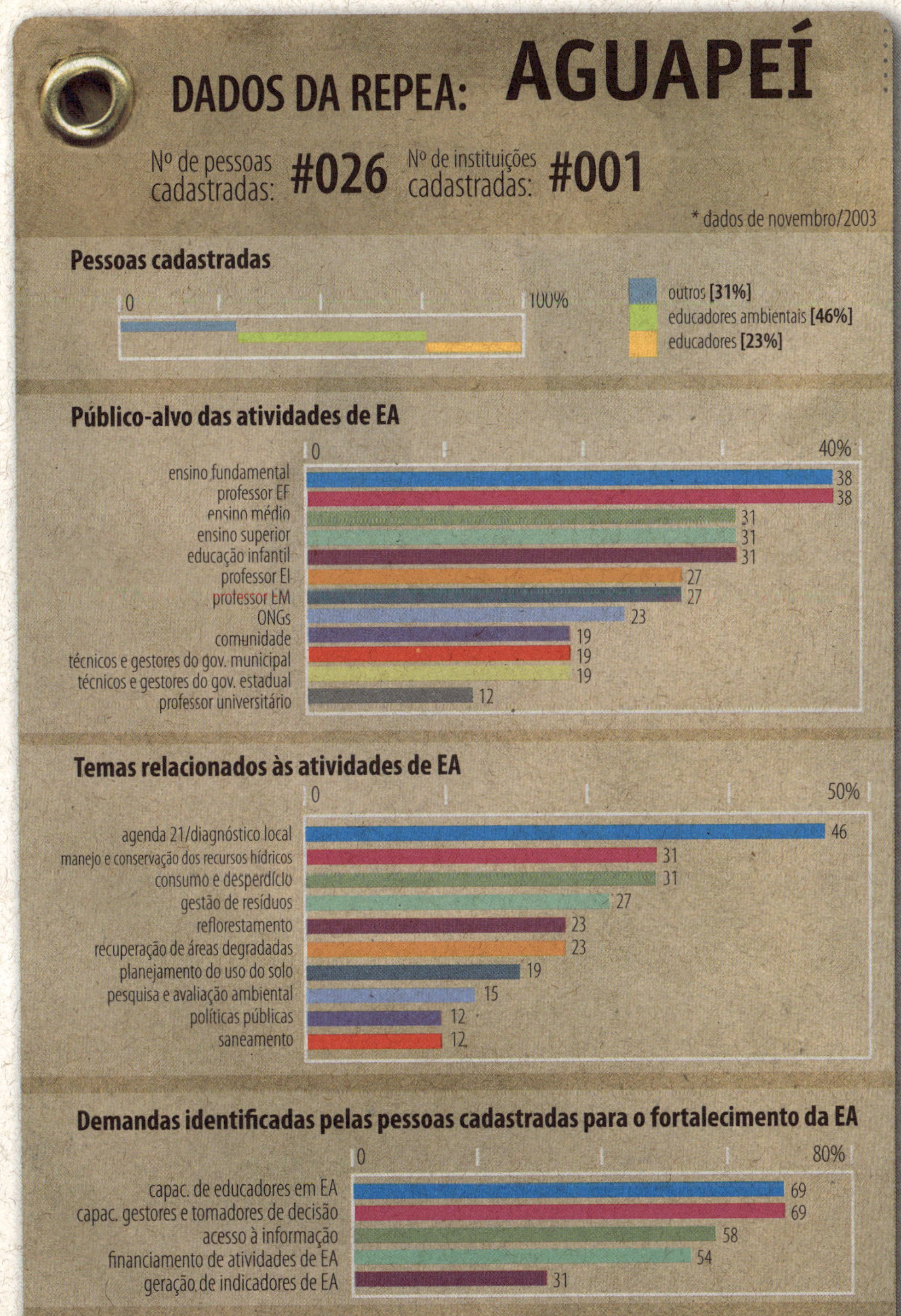

Quadro 20: Dados da REPEA: Aguapeí

Análise dos dados

Nesta UGRHI o percentual de tratamento de esgotos domésticos, em 1999, era inferior a 50%. Quando da elaboração do Relatório Zero da Bacia, em 2003, passou a 71%. Mesmo assim, a qualidade das águas de abastecimento público ainda se encontra comprometida. Por quê? O desmatamento acaba por comprometer ainda mais a situação crítica de erosão em vasta área. Como o desmatamento pode interferir na qualidade das águas? Será que isso ocorre nessas bacias hidrográficas? A diversidade do público-alvo das atividades de EA, apresentada pelo diagnóstico da REPEA, propicia a construção das Agendas 21 locais? O grande número de municípios com médio IDH estaria relacionado à capacitação para gestores e tomadores de decisão identificada entre as principais demandas para o fortalecimento da EA nessa região?

PEIXE

DIAGNÓSTICO

A bacia não apresenta problemas de disponibilidade hídrica superficial, em termos globais. Há um município com índice de abastecimento de água abaixo de 80%. Na UGRHI há 15 municípios com índice de perdas no sistema de abastecimento acima de 30%. A hidrovia Tietê-Paraná tem a extensão de 60 km entre Presidente Epitácio e Panorama na área da UGRHI. Em 1998, 76% dos municípios continuavam depositando resíduos sólidos domiciliares em condições inadequadas, 8%, em condições controladas e 16%, em condições adequadas. Quanto às quantidades geradas, 91% continuavam em condições inadequadas, 1%, em condições controladas e 8%, em condições adequadas. O índice de remoção de carga orgânica de origem doméstica é praticamente igual à média do Estado. A cabeceira do rio do Peixe apresenta IQA ruim, em virtude do lançamento de esgoto "in natura", o que se reflete por toda a sua extensão no IQA aceitável. A UGRHI tem alto índice de criticidade e deve ser objeto de estudos pontuais visando a medidas corretivas e preventivas de controle de erosão e assoreamento. Possui uma Reserva Estadual, mas só 3% de sua área estão preservados por vegetação nativa. Há média suscetibilidade a inundações no baixo trecho do rio do Peixe, junto à foz, e alta suscetibilidade, às margens do rio Paraná. (DAEE, 1999)

Mapa 21: Peixe

MUNICÍPIOS

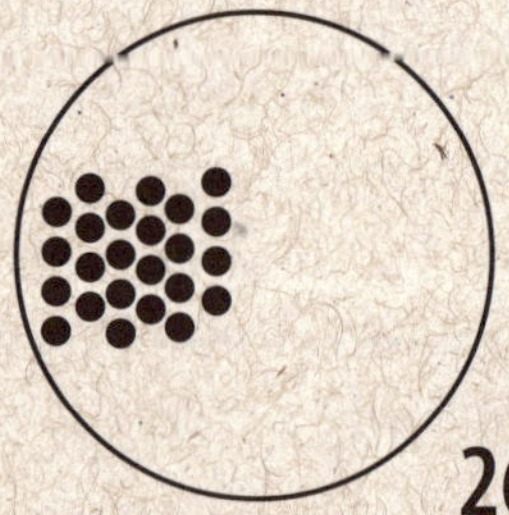

26

IVA CETESB/2004

IAP CETESB/2004

RIOS PRINCIPAIS CETESB/2004

Peixe

IDH SMA/2002

POPULAÇÃO IBGE/2000

421.591

UC

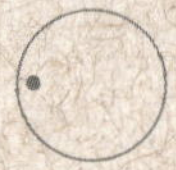

01

CVE

ATIVIDADES ECONÔMICAS

Agroindústrias e indústrias alimentícias.

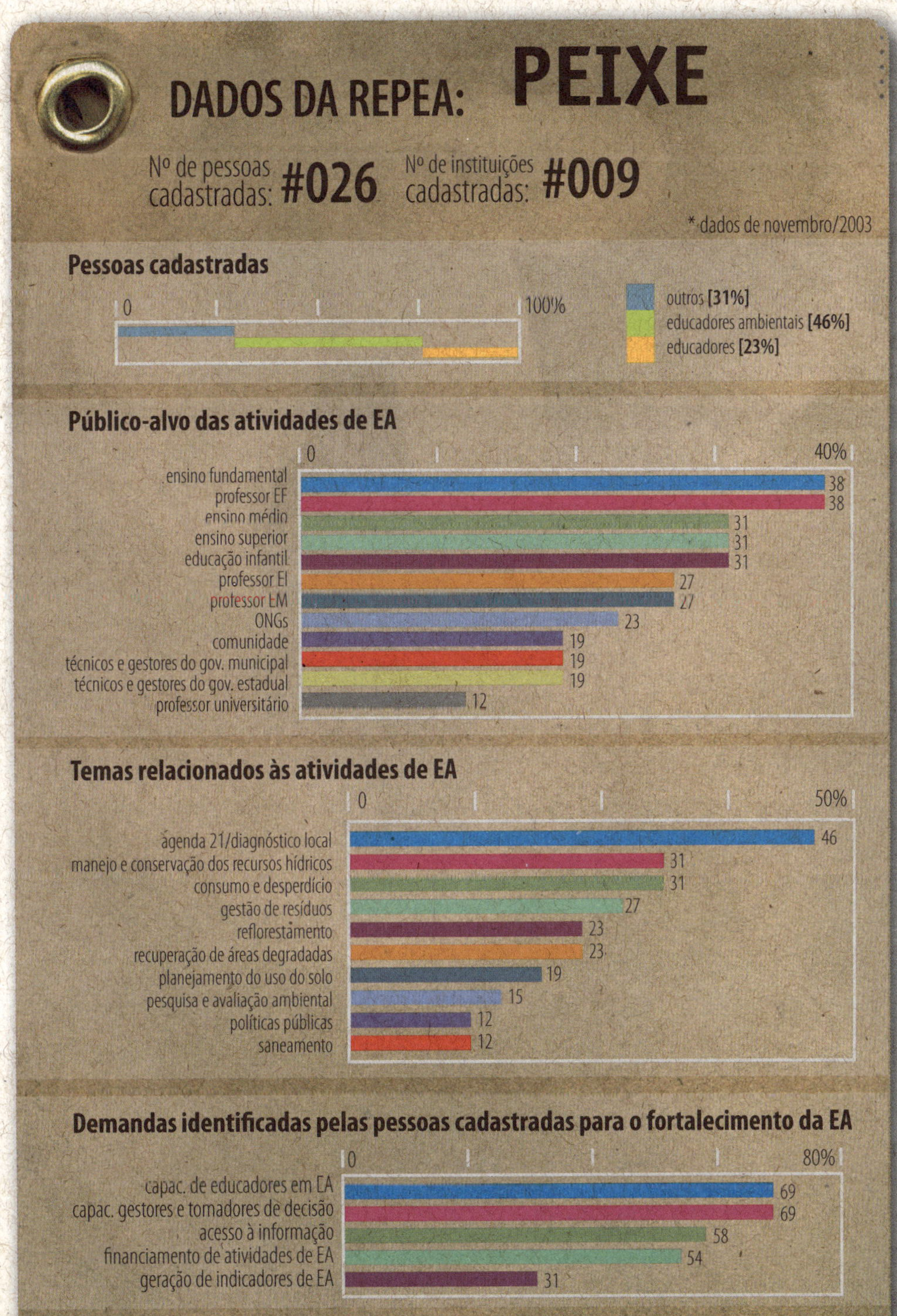

Quadro 21: Dados da REPEA: Peixe

Análise dos dados

A percepção das realidades regionais parece orientar os temas abordados pelos educadores e educadores ambientais atuantes nesta UGRHI. A diversidade do público-alvo das atividades em EA propicia o desenvolvimento de Agendas 21. O morador da região conhece algumas dessas iniciativas? Quanto às demandas identificadas, chama a atenção a capacitação dos gestores e tomadores de decisão (69%), o mesmo percentual para a capacitação dos educadores em EA. Tal demanda estaria ligada à necessidade de aperfeiçoamento frente à diversidade de situações que envolvem questões técnicas ligadas a uma gestão moderna? A qualidade das águas para abastecimento público parece estar comprometida por fatores ligados ao lançamento de esgotos domésticos sem tratamento no rio do Peixe, à presença de algas potencialmente tóxicas e compostos organoclorados leves, THMs, que requerem maiores cuidados quando do tratamento da água bruta, por exemplo, no processo de cloração.

PONTAL DO PARANAPANEMA

IAP CETESB/2004

0 — 100%

IVA CETESB/2004

0 — 100%

IDH SMA/2002

04

16

RIOS PRINCIPAIS CETESB/2004

Santo Anastácio, Paranapanema e seus afluentes, desde a UHE de Capivara até a foz do rio Paraná.

ATIVIDADES ECONÔMICAS

Indústrias alimentícias, curtumes, matadouros e destilarias de álcool.

MUNICÍPIOS

21

UC

02

POPULAÇÃO IBGE/2000

452.131

CVE

DIAGNÓSTICO

Não há problemas de disponibilidade hídrica superficial, em termos globais, na bacia. A UGRHI possui nove municípios com índice de perdas no sistema de abastecimento acima de 30%. A hidrovia Tietê-Paraná tem a extensão de 130 km entre Porto Primavera e Presidente Epitácio, na área da UGRHI. Em 1998, 76% dos municípios continuavam depositando resíduos sólidos domiciliares em condições inadequadas, 14%, em condições controladas e 10%, em condições adequadas. Quanto às quantidades geradas, 92% continuavam em condições inadequadas, 6%, em condições controladas e 2%, em condições adequadas. O índice de remoção de carga orgânica de origem doméstica é baixo e está dentro da média de Estado. A bacia do rio Santo Anastácio apresenta IQA somente aceitável em virtude de lançamento de esgotos *in natura* porque alguns de seus maiores municípios não tratam os efluentes. Verifica-se alto potencial de carga orgânica industrial devido essencialmente ao setor sucroalcooleiro. A UGRHI tem alto índice de criticidade e deve ser objeto de estudos pontuais, visando a medidas corretivas e preventivas de controle de erosão e assoreamento. Com duas Reservas Estaduais e um Parque Estadual, possui apenas 6% de sua área preservados por vegetação nativa. Há média suscetibilidade a inundações em trechos urbanos de alguns afluentes do rio Paranapanema. Foram aplicados, até 1998, 66% dos recursos destinados pelo FEHIDRO à bacia. (DAEE, 1999)

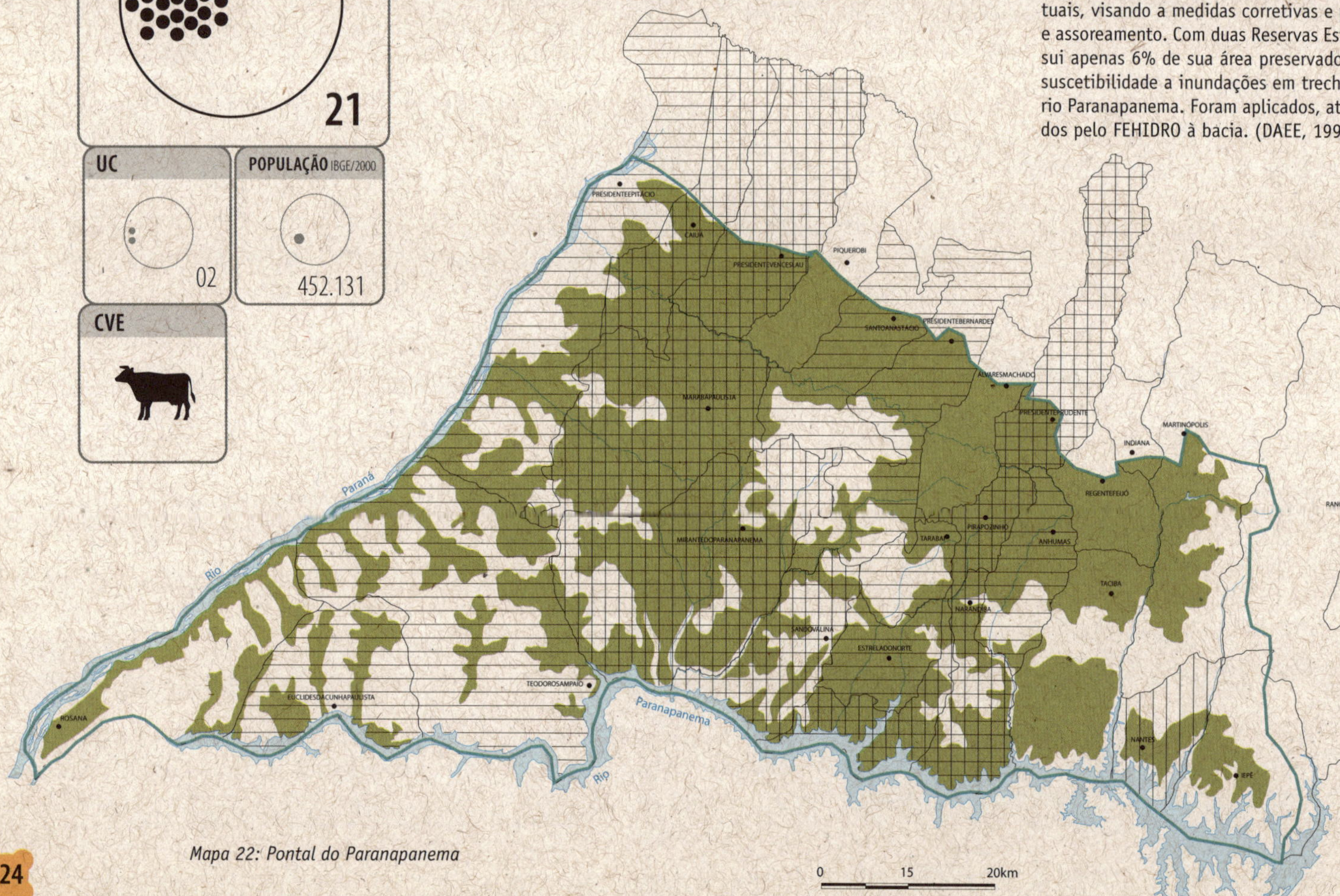

Mapa 22: Pontal do Paranapanema

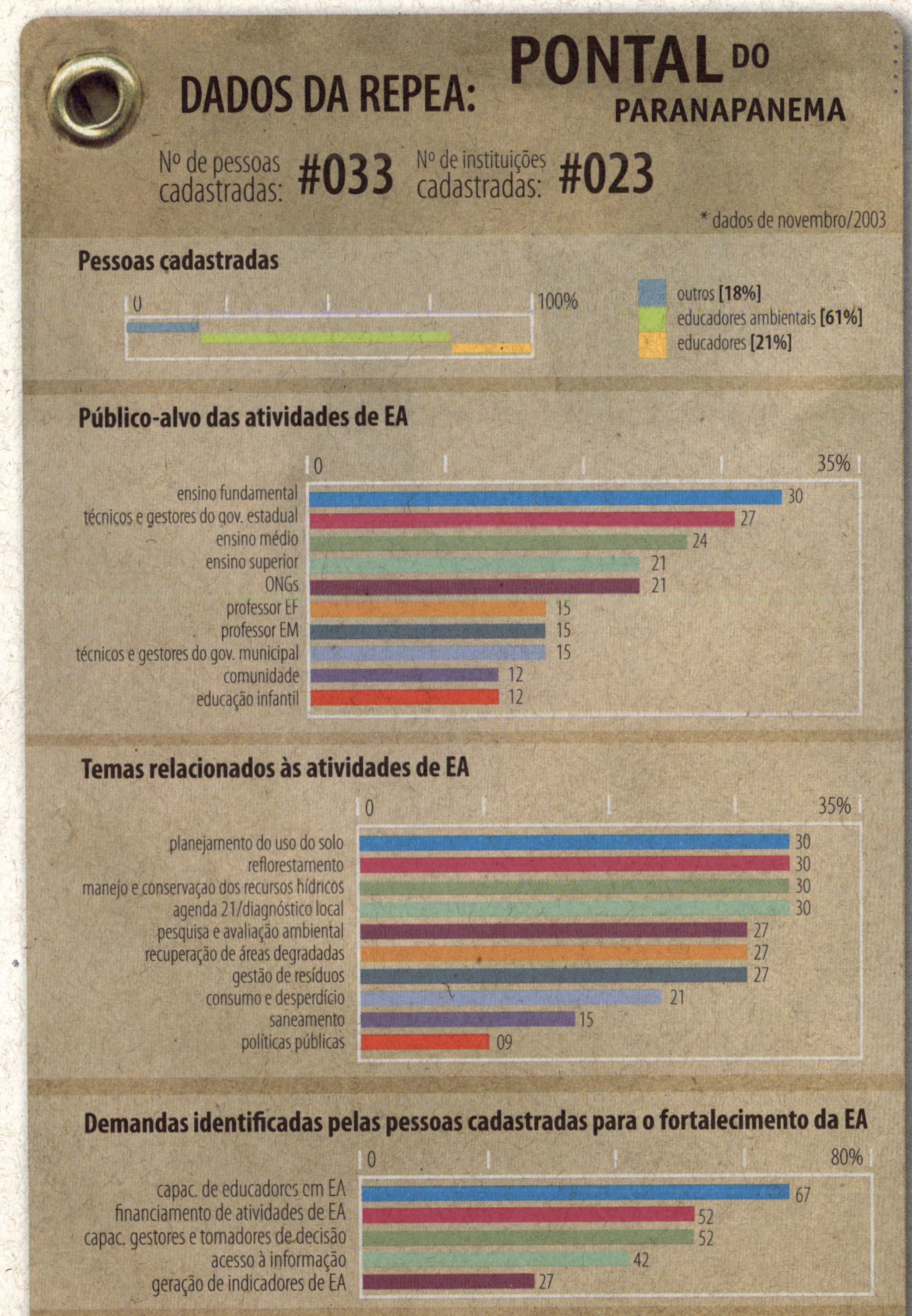

Quadro 22: Dados da REPEA: Pontal do Paranapanema

Análise dos dados

Chama a atenção no Pontal do Paranapanema a atuação em EA frente a questões como o planejamento e uso do solo, o reflorestamento, o manejo e conservação dos recursos hídricos e Agenda 21. Será que o elevado percentual de educadores ambientais (61%) contribui para a abordagem dessa temática, normalmente considerada mais complexa? Nesta UGRHI o percentual de pessoas que atendem aos técnicos e gestores do governo estadual e municipal é superior ao das que trabalham junto à comunidade. Será que as temáticas visam atender às solicitações desse público-alvo ou são decididas pelos próprios educadores? Há relação entre o tipo de atividade econômica da região, os portos de areia e a qualidade da água e entre o percentual de mata nativa e o de pessoas que desenvolvem atividades em EA voltadas ao reflorestamento? Como ligar as questões sociais e o IDH às questões ambientais locais? Qual a contribuição da EA neste contexto?

Recursos do FEHIDRO até 2003

Valores dos recursos financeiros disponibilizados a cada uma das 22 UGRHIs, desde a instalação dos Comitês de Bacias Hidrográficas (CBH), até 2003.

Tabela 8: Recursos do Fehidro até 2003

UGRHI CBH	Data de instalação do CBH	Recursos liberados (R$)	Destinação dos recursos até a presente data (%)
UGRHI01 - CBH Mantiqueira	01.09.01	3,4 milhões	51% planejamento e gestão dos recursos hídricos; 49% tratamento de esgoto, drenagem e controle de erosão.
UGRHI02 - CBH Paraíba do Sul	25.11.94	9,2 milhões	50% tratamento de esgoto; 27% planejamento; 11% defesa de erosão; 7% defesa de inundação; 3% des. mun. aprm; 1,5% conservação e manutenção de abastecimento
UGRHI03 - CBH Litoral Norte	22.08.97	4,2 milhões	60% tratamento de esgoto; 20% resíduos; 10% abastecimento de comunidades isoladas; 10% planejamento
UGRHI04 - CBH Pardo	16.06.96	8,2 milhões	70% tratamento de esgoto e mata ciliar; 30% drenagem, controle de erosão e educação ambiental
UGRHI05 - CBH Piracicaba, Capivari e Jundiaí	18.11.93	27,6 milhões	61% tratamento de esgoto; 13% planejamento, 10% conservação mananciais; 09% conservação dos recursos hídricos; 07% preservação/defesa de inundação e erosão.
UGRHI06 - CBH Alto Tietê	09.11.94	18,4 milhões	70% educação ambiental e planejamento/gestão; 30% drenagem e controle de erosão.
UGRHI07 - CBH Baixada Santista	09.12.95	9,6 milhões	58% prevenção e defesa contra inundação; 22% planejamento; 10% conservação e proteção recursos hídricos; 10%saneamento ambiental.
UGRHI08 - CBH Sapucaí/Mirim e Grande	29.03.96	8,4 milhões	70% tratamento de esgoto e aterro sanitário; 15% conservação de solo; 10% conservação dos recursos hídricos; 05% planejamento.
UGRHI09 - CBH Mogi-Guaçu	04.06.96	7,8 milhões	50% tratamento de esgoto e lixo; 35% conservação, recuperação e proteção dos rh
UGRHI10 - CBH Sorocaba Médio Tietê	02.08.95	8,5 milhões	32% tratamento de esgoto; 19% mananciais; 18% erosão e drenagem; 14% lixo; 12% planejamento; 05% educação ambiental
UGRHI11 - CBH Mogi-Guaçu	13.01.96	5,8 milhões	48% prevenção e defesa contra inundações; 30% planejamento; 15% desenvolvimento de municipios aprm; 04%conservação e preservação, qualidade dos recursos hídricos; 06% controle erosão
UGRHI12 - CBH Baixo Pardo e Grande	23.03.96	4,7 milhões	83% tratamento de esgotos; 09% planejamento; 08% conservação mananciais, controle de erosão e desenvolvimento aprm.
UGRHI13 - CBH Tietê/Jacaré	10.11.95	6,5 milhões	50% tratamento de esgotos; 25% galeria de águas pluviais; 15% reflorestamento; 10% educação ambiental.
UGRHI14 - CBH Alto Paranapanema	17.05.96	5,8 milhões	44,7% prevenção e defesa de erosão; 36,3% proteção recuperação qualidade; 14,5% planejamento; 4,5% proteção mananciais e proteção de inundações
UGRHI15 - CBH Turvo e Grande	15.12.95	13,4 milhões	46% controle de erosão; 27% tratamento de esgoto; 19% drenagem; 05% planejamento; 03% irrigação
UGRHI16 - CBH Tietê e Batalha	13.09.96	7,4 milhões	50% tratamento e coleta de esgoto; 30% controle de erosão e mata ciliar ; 10% planejamento; 10% lixo.
UGRHI17 - CBH Médio Paranapanema	20.12.94	9,2 milhões	65% controle de erosão e mata ciliar; 20% tratamento esgoto; 10% planejamento.
UGRHI18 - CBH São José dos Dourados	07.08.97	6,9 milhões	50% controle de erosão rural; 15% planejamento; 10% lixo, 25% tratamento de esgoto.
UGRHI19 - CBH Baixo Tietê	26.08.94	10,5 milhões	75% tratamento de esgoto; 20% controle de erosão; 05% educação ambiental, lixo.
UGRHI20 e 21 - CBH Aguapeí e Peixe	19.12.95	18,4 milhões	37% controle de erosão; 35%tratamento de esgoto; 17% controle de águas subterrâneas; 07% planejamento; 04% outros.
UGRHI22 - CBH Pontal do Paranapanema	21.06.96	6,4 milhões	65% controle de erosão; 15% resíduos; 14% planejamento; 04% tratamento de esgoto; 03% poços.

BÚSSOLA DA EA

Afinal, o que vêm a ser os mapas diagnósticos e para que servem? São mapas que dispõem espacialmente os problemas e características socioeconômicas e ambientais, facilitando a visualização da realidade das UGRHI e podendo servir para o planejamento de atividades, projetos de educação ambiental que atendam às demandas locais. São como bússolas que orientam a direção das atividades a serem desenvolvidas em EA.

É importante localizar no mapa as cidades cujas atividades econômicas, agropecuárias, industriais, de extração mineral, etc., comprometam a qualidade de vida de seus moradores e o meio ambiente.

Os mapas podem identificar a qualidade das águas dos rios, reservatórios de água subterrâneas e superficiais e oferecer muitas outras informações que podem ser encontradas em observação de campo, em dados divulgados por órgãos governamentais e instituições de caráter técnico ambiental, social e econômico, como CETESB, IBGE, etc.

Os educadores e educadores ambientais podem acompanhar o passo-a-passo sugerido para a elaboração e atualizações do mapa diagnóstico da UGRHI à qual pertence sua cidade, em sala de aula ou com a participação da comunidade. Esse método pode ser aplicado também ao mapa da cidade, distrito ou bairro.

Como elaborar o Mapa Diagnóstico da sua UGRHI

1 Defina as informações necessárias ao desenvolvimento da sua atividade ou projeto socioambiental:

• tipos de atividades econômicas desenvolvidos nos municípios e sua relação com o comprometimento da qualidade dos recursos hídricos, do ar, das espécies da flora e fauna. Localizar as UC – Unidades de Conservação. Você pode criar algumas classificações, ou seja, identificar as cidades poluidoras e as que apresentam desenvolvimento social maior ou menor conforme os índices oficiais, como o IDH – Índice de Desenvolvimento Humano, ou IPRS – Índice Paulista de Responsabilidade Social;

2 As informações podem ser obtidas em diferentes fontes:

• Relatórios Zero das UGRHI nos sites www.sigrh.sp.gov.br ou www.repea.org.br (EA nas Bacias – Situação das Bacias) ou contato direto com os Comitês de Bacias. Esses relatórios contemplam o diagnóstico socioambiental de cada uma das UGRHI, bastante completo, inclusive com mapas, podendo ser útil na elaboração do mapa diagnóstico com os alunos ou com a comunidade;

• Relatório de Qualidade das Águas Interiores, Resíduos Sólidos e de Áreas Contaminadas, mais recente, disponível para download no site www.cetesb.sp.gov.br. Nesse relatório, que é publicado anualmente, pode-se obter informações, como o IVA e IAP, que refletem a qualidade dos recursos hídricos. Seria bastante interessante resgatar os relatórios anteriores e verificar se houve melhora da qualidade nos últimos anos. Você pode organizar uma tabela ou colorir os trechos dos rios que são monitorados pela CETESB, produzindo uma série de mapas nos quais possa acompanhar visualmente essas informações.

• Plano de Bacias do Estado de São Paulo, mais recente, que pode ser obtido junto à Secretaria de Recursos Hídricos do Estado de São Paulo, ou no site www.recursoshidricos.sp.gov.br; o planejamento referente ao período de 2004/2007 está em fase final de elaboração.

• no site http://www.eatlas.sp.gov.br há a disponibilidade de mapas do Estado de São Paulo, com divisão por municípios, que exibem informações socioeconômicas, educação, meio ambiente e temas relacionados. Eles poderão ajudar a colorir o seu mapa diagnóstico;

• sites de outras Secretarias de Estado. Consultar http://www.saopaulo.sp.gov.br:

• arquivos locais de órgãos públicos (Secretarias Municipais, Casa da Lavoura ou do Agricultor, Associações etc.), ONGs, etc.

3 Atualize periodicamente suas informações. Muitos relatórios são emitidos anualmente ou por períodos, conforme sistema de gestão adotado pelo órgão emissor. É muito importante que os educandos observem as variações desses dados ao longo do tempo e suas conseqüências, ou seja, o reflexo da qualidade do meio ambiente em suas vidas.

4 Utilize uma cópia do mapa-base, desta publicação, para cada UGRHI, em papel vegetal, similar ou xerox.

5 Você pode elaborar outro mapa com as modificações que serão geradas pelo seu projeto ou atividade em EA ou suas áreas de influência.

6 Reunindo as informações necessárias e uma cópia do mapa-base, você poderá obter um mapa como este:

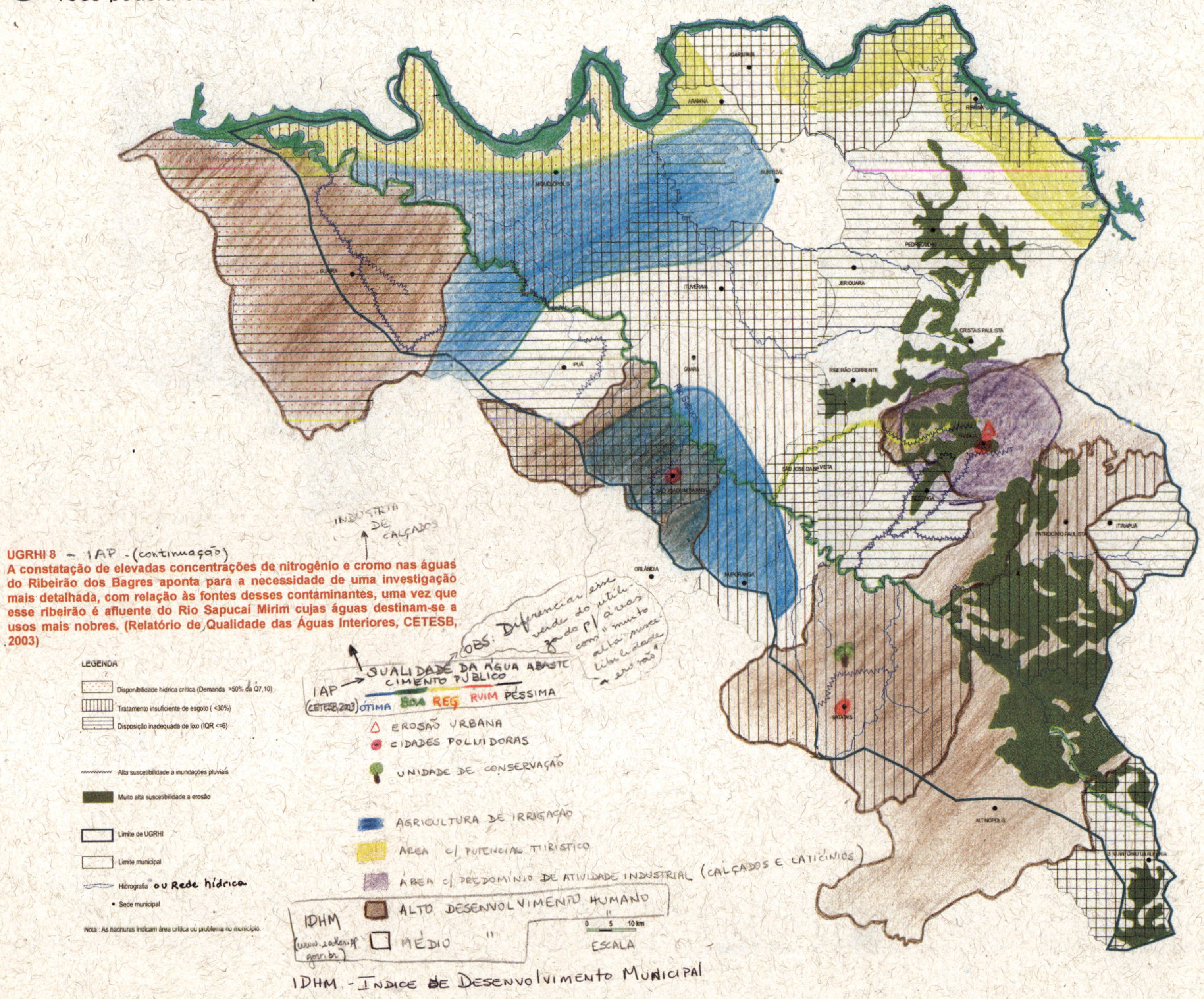

Mapa 23: Exemplo de como elaborar mapa da UGRHI

Material recomendado:

- mapa-base (desta publicação ou outro que seja conveniente);
- papel vegetal ou similar;
- caneta, lápis, caneta e lápis coloridos.

Não há necessidade de utilização de programas especiais para tratamento de imagens. Os mapas podem ser coloridos a mão. Não se esqueça de mencionar a escala, as fontes das informações utilizadas no seu mapa, além de situar sua região no contexto geográfico do Estado.

A PALAVRA SEM FIM

CONSIDERAÇÕES

Isabel Cristina Moura Carvalho

Psicóloga, doutora em Educação. Nasceu em São Paulo onde se graduou em Psicologia (PUCSP) e viveu até 1986. Morou no Rio de Janeiro e hoje reside em Porto Alegre, onde é professora universitária (Universidade Luterana do Brasil). Sua mais recente publicação em Educação Ambiental é o livro *Educação ambiental: a formação do sujeito ecológico* São Paulo, Editora Cortez, 2004. F-mail: icmcarvalho@uol.com.br

Sobre a origem e caminhos da REPEA, identidades *além da pele* e encontros significativos

Revendo os textos que compõem a publicação *Orientação para Educação Ambiental nas Bacias Hidrográfias do Estado de São Paulo e Origens e Caminhos da REPEA*, mergulhei numa história que é ao mesmo tempo individual e coletiva. Explico. A história da Rede Paulista de Educação Ambiental é o entrelaçamento de muitas histórias que se entrecruzam: a história das instituições, pessoas e eventos que foram marcando o tempo e o espaço da EA em São Paulo. Neste sentido, uma história sobre origens e caminhos onde muitos de nós vamos nos reconhecer em algum lugar. Eu também me reconheci nestas *origens e caminhos*, como educadora ambiental que enveredou pelos caminhos da educação ambiental no Instituto Florestal nos anos 80 e viveu este começo da história antes que a idéia de rede tivesse entrado no imaginário dos coletivos sociais.

Nesse sentido, é interessante lembrar que o conceito de rede, que tanto usámos atualmente, é ele mesmo historicamente construído. E é uma parte recente desta história. Talvez por isso, uma parte desta publicação é dedicada a tematizar o que é uma rede e como este conceito pode ser compreendido. Assim, ao se apresentar, a REPEA explica não apenas o que ela é, mas também o que é ser uma rede, dá testemunho e aposta na idéia.

Rede é uma das formas de expressar as novas configuraçoes de associações multidimensionais e multifuncionais pelas quais diferentes atores sociais se articulam em uma ação coordenada, gerando novas inteligências coletivas, outros espaço-tempos para a ação política e educativa, novas inscrições para sujeitos e suas histórias. Na origem da idéia de rede podemos também evocar, pelo olhar da psicologia, a repercussão do pensamento de Gregory Bateson, que nos acena com a idéia de que as fronteiras do indivíduo não estão limitadas por sua pele, mas o indivíduo é, muito além seu contorno físico, o espaço das suas relações com o mundo: sua história, seus territórios geográficos e afetivos, suas paisagens e memórias, sua participação na história social que ao mesmo tempo passa por ele e o ultrapassa. O espaço da rede é uma configuração deste tipo: um espaço além da pele, que dá sentido e expande a potência de ação dos que entram de alguma forma e formam parte de um campo de ação e comunicação e com isso também fazem a história do seu tempo.

O importante disso tudo é que a ação da REPEA, a presença articuladora de atores, forças sociais e iniciativas, como a pesquisa sobre o diagnóstico paulista de EA, são realmente um testemunho das muitas potencialidades que pode agregar uma rede e da boa sinergia que uma ação coordenada deste tipo pode gerar.

O melhor é, como disse um coletivo de educadores ambientais no V Fórum de EA (Goiânia, nov/2004) - articulado pela pedagogia poética de Luis Afonso Vaz de Figueiredo - "continuar no verso". Por isso lembro Manoel de Barros, cuja poesia sobre o destino das Latas nos transpõe para o coração das mutações e encontros significativos. Nesta categoria podemos pensar tanto a relação ambiente e sociedade, quanto a relação com os outros humanos, demasiadamente humanos. As latas inventadas pelo poeta e, por isso, verdadeiras, nos falam de nosso próprio destino. Ou, pelo menos, do destino deste encontro entre diferentes que se entrelaçam um no mundo do outro, sem perder a irredutível alteridade que é o que, afinal, sustenta tomarmos esta relação como um encontro significativo. O que se evidencia, na poesia e na vida, é que a natureza do humano inclui uma capacidade singular, que é a de instaurar sentidos no mundo, produzir afinidades e proximidades às vezes insuspeitadas, o que vale para nossa relação com o ambiente, a natureza e os outros.

Essas latas têm que perder, por primeiro, todos os ranços (e artifícios) da indústria que as produziu. Segundamente, elas têm que adoecer na terra. Adoecer de ferrugem e casca. Finalmente, só depois de trinta e quatro anos elas merecerão ser chão. Esse desmanche em natureza é doloroso e necessário, se elas quiserem fazer parte da sociedade dos vermes. Depois desse desmanche em natureza, as latas podem até namorar as borboletas. Isso é muito comum. Diferentes de nós, as latas com o tempo rejuvenescem, se jogadas na terra. Chegam quase até serem pousadas de caracóis. Elas sabem, as latas, que precisam chegar ao estágio de uma parede suja. Só assim serão procuradas pelos caracóis. Sabem muito bem, essas latas, que precisam da intimidade com o lado obsceno das moscas. Ainda que elas precisam de pensar em ter raízes para que possam obter estames e pistilos. A fim de que um dia elas possam se oferecer às abelhas. Elas precisam de ser um ensaio de árvore a fim de comungar a natureza. O destino das latas também pode ser pedra. Elas hão de ser cobertas de limo e musgo. As latas precisam ganhar o prêmio de dar flores. Elas têm que participar dos passarinhos. Eu sempre desejei que as minhas latas tivessem aptidão para passarinhos. Como os rios têm, como as árvores têm. Elas ficam muito orgulhosas quando passam do estágio de chutadas nas ruas para o estágio de poesia. Acho esse orgulho das latas muito justificável e até louvável.(Barros, Manuel. Memórias Inventadas. São Paulo, Editora Planeta. 2003).

APRESENTAÇÃO INSTITUCIONAL

5ELEMENTOS

A raiz de uma nova consciência

Instituto de Educação e Pesquisa Ambiental

5 ELEMENTOS - Instituto de Educação e Pesquisa Ambiental é uma Organização da Sociedade Civil de Interesse Público – OSCIP, instituição sem fins lucrativos que tem como objetivo assegurar a participação consciente da população na solução dos problemas causados ao meio ambiente. Procura estimular a adoção de novos hábitos e posturas, diante da problemática ambiental, pela sensibilização, conscientização e capacitação de alunos, professores, diretores e educadores sociais para que funcionem como agentes multiplicadores de ações.

Fundado em 1993, o Instituto visa promover, desenvolver e apoiar projetos e pesquisas, além de oferecer serviços na área de Educação Ambiental a empresas, escolas, entidades ecológicas e órgãos públicos, estaduais e municipais.

Sua **causa** é *consolidar os valores e princípios para a construção de sociedades sustentáveis* e sua **missão** é *aprofundar a relação das pessoas com o Meio Ambiente, promovendo uma Educação Ambiental emancipatória e transformadora.*

Nossos **Princípios e Valores** são:

1 Praticamos a Educação Ambiental transversal, agregando as áreas do conhecimento e incentivando processos criativos em prol da sustentabilidade;

2 Estamos empenhados na conservação dos sistemas naturais e na preservação da biodiversidade, garantindo sua capacidade de suporte e regeneração;

3 Incentivamos o trabalho voluntário, a colaboração e a cooperação entre as pessoas, buscando a justiça social e a melhoria da qualidade de vida de todos os envolvidos;

4 Fomentamos continuamente o processo de democratização de informações, promovendo o protagonismo das multilideranças e

5 Buscamos atingir a excelência, mediante o processo continuo de reciclagem e aperfeiçoamento.

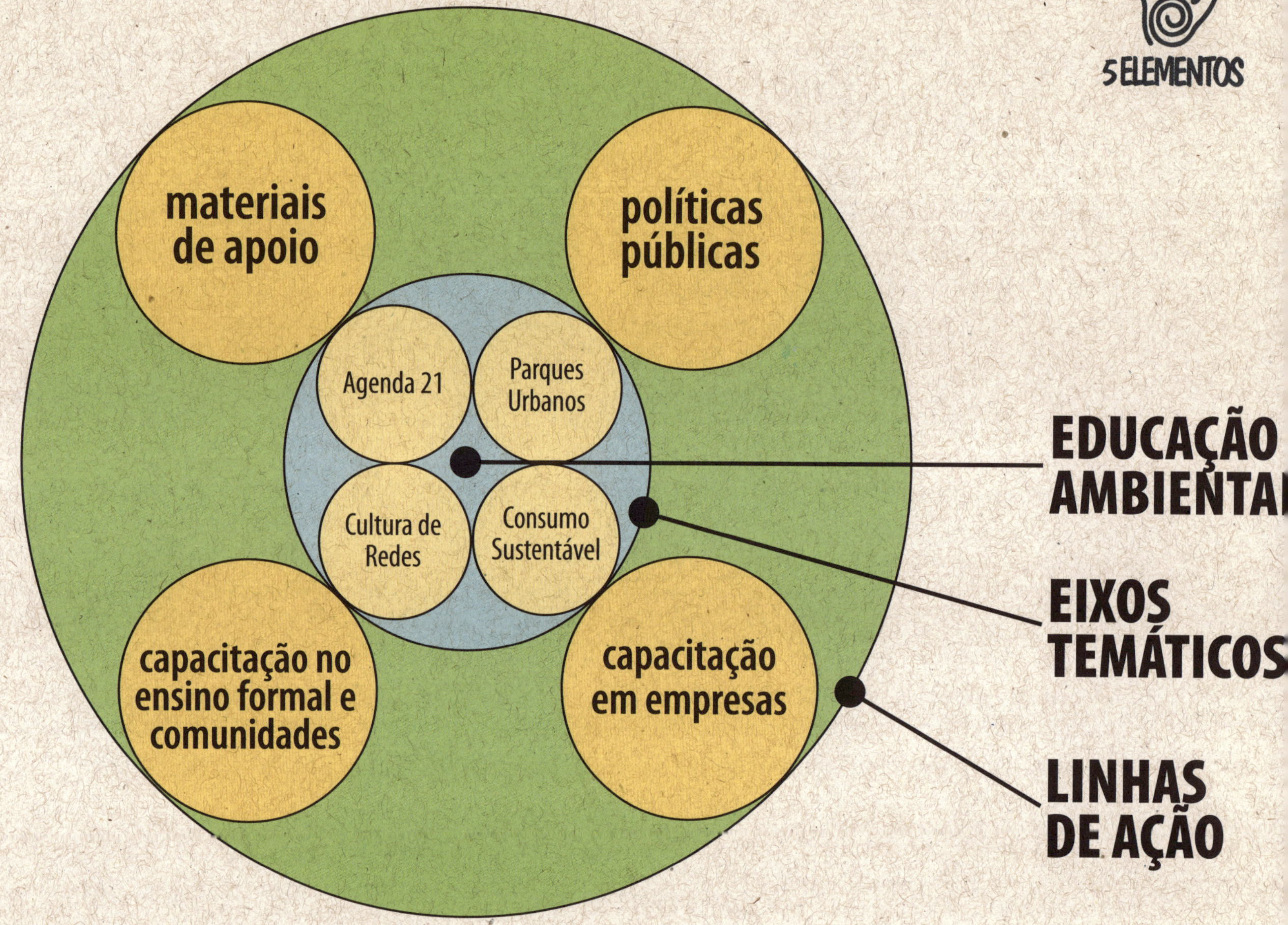
materiais de apoio
políticas públicas
Agenda 21
Parques Urbanos
Cultura de Redes
Consumo Sustentável
capacitação no ensino formal e comunidades
capacitação em empresas
EDUCAÇÃO AMBIENTAL
EIXOS TEMÁTICOS
LINHAS DE AÇÃO

REFERÊNCIAS BIBLIOGRÁFICAS

AMARAL, Vivianne. *Desafios do trabalho em rede.* Rede Brasileira de Educação Ambiental. (on-line) Disponível na internet – http://www.rebea.org.br

CAPRA, Fritjof. *A teia da vida*, Ed. Cultrix: São Paulo, 1996.

----------------. *As conexões ocultas – Ciência para uma vida sustentável*, Ed. Cultrix: São Paulo, 2002.

CASTELLS, Manuel. *A sociedade em rede.* São Paulo: Paz e Terra, 2000.

DABAS, Elina e NAJMANOVICH, Denise. Redes. *El Lenguaje de los Vínculos.* Buenos Aires: Paidós, 1995.

DOCZI, Gyorgy. *O poder dos limites: harmonias e proporções na natureza*, arte e arquitetura. São Paulo: Mercuryo.1990, p77.

FACHINELLI, Ana Cristina, MARCON Christian e MOINET, Nicolas. *A prática da gestão de redes: uma necessidade estratégica da Sociedade da Informação.* Rede Brasil de Comunicação Cidadã (on-line) Disponível na Internet - http://www.rbc.org.br

JACOBI, Pedro. *Meio ambiente e redes sociais: dimensões intersetoriais e complexidade na articulação de práticas coletivas.* in Revista de Administração Pública - vol.34 numero 6- nov/dez 2000- pp.131-158 e disponível (on-line) na internet – http://www.repea.org.br

JOHNSON, Steven. *Emergência: a vida integrada de formigas, cérebros, cidades e softwares.* Rio de Janeiro: Jorge Zahar Ed, 2003

KAN, Gene. Gnutella. In: ORAM, Andrew. *Peer-to-peer: o poder transformador das redes ponto a ponto.* São Paulo: Berkeley Brasil, 2001.

LÈVY, Pièrre. *A Inteligência Coletiva. Por uma Antropológia do Ciberespaço.* São Paulo: 34 Letras, 1994.

LIPNACK, Jessica e STAMPS, Jeffrey. *Rede de informações.* São Paulo: Makron Books, 1994.

MANCE, Euclides. *A revolução das redes. A colaboração solidária como alternativa pós-capitalista à globalização atual.* Petrópolis: Vozes, 2000.

MELUCCI, Alberto. *A invenção do presente - Movimentos sociais nas sociedades complexas.* Petrópolis, RJ: Vozes, 2001.

MARTINHO, Cássio. *Redes e desenvolvimento local.* Rede Brasil de Comunicação Cidadã (on-line) Disponível na Internet http://www.rbc.org.br

TORO, Jose Bernardo e DUARTE, Nísia Maria. *Mobilização Social: um modo de construir a democracia e a participação.* (xerox)

Revista Brasileira de Educação Ambiental – Rede Brasileira de Educação Ambiental. Número 0 e 1 (nov 2004).

ROCHE, Chris. *Avaliação do impacto dos trabalhos de ONGs: Aprendendo a valorizar a mudança.* São Paulo: Cortez: ABONG: Oxford, Inglaterra: Oxfam, 2000.

ROMANO FILHO, Demóstenes, SARTINI, Patrícia e FERREIRA, Margarida Maria. *Gente Cuidando das Águas.* Belo Horizonte: Mazza Edições, 2002.

SCHERER-WARREN, Ilse. *Redes de Movimentos Sociais.* São Paulo, Loyola. 1993

SILVA, Fábio Deboni. *Uma proposta de rede temática em educação ambiental: a Rede Brasileira de Centros de Educação Ambiental* - (on-line) Disponível na Internet http://www.rits.org.br

TOMÁS R. Villasante, tradução Carlos Alberto Silveira Netto Soares: *Redes e alternativas: estratégias e estilos criativos na complexidade social.* Petrópolis, RJ: Vozes, 2002.

VIEZZER, Moema L., ORNAR, Ovalles. *A arte das conexões* (on-line). Disponível na internet http://www.repea.org.br

WWF-Brasil. *Redes: uma introdução às dinâmicas da conectividade e da auto-organização* (coords) Larissa Costa, Cássio Martinho, Jorge Fecuri ; edição: Rebeca Kritsch. – Brasília, WWF-Brasil, 2003.

SITES

Endereços Eletrônicos de Redes de Educação Ambiental

Rede Acreana de Educação Ambiental - ReAcre - www.ufac.br
Rede Baiana de Educação Ambiental- contato: dalbezerra@terra.com.br
Rede Brasileira de Educação Ambiental – REBEA - www.rebea.org.br
Rede da Juventude pelo Meio Ambiente – contato: Gabriel@superig.com.br
Rede de Centros de Educação Ambiental - www.redeceas.esalq.usp.br/rede.htm
Rede de Educação Ambiental da Bacia do Itajaí – contato: guarim@furb.br
Rede de Educação Ambiental do Sergipe – contato: rease@ufs.br
Rede de Educação Ambiental do Rio de Janeiro - www.grupos.com.br/grupos/redeeducacaoambiental/
Rede de Educação Ambiental da Paraíba- contato: repb@prac.ufbp.br
Rede Mato-Grossense de Educação Ambiental - REMTEA - www.univag.com.br/remtea
Rede Mineira de Educação Ambiental - RMEA www.grupos.com.br/grupos/rmea
Rede Paranaense de Educação Ambiental – REA/P- contato: rea-parana@ig.com.br
Rede Pantanal de Educação Ambiental - Aguapé - www.redeaguape.org.br
Rede Sul Brasileira de Educação Ambiental - REASul - www.reasul.univali.br
Rede Universitária de Pesquisa em Educação Ambiental – RUPEA - www.uefs.br/rupea
Cidade do Conhecimento - www.usp.br/iea/cidade
Inter-Redes - www.inter-redes.org.br
Laboratório de Inteligência Coletiva: www.pucsp.br/linc/blog/
Rede Brasileira de Comunicação - www.rbc.org.br
Rede de Informações para o Terceiro Setor - RITS - www.rits.org.br
Rede DLIS - Desenvolvimento Local Integrado e Sustentável - www.rededlis.org.br
Rede Feminista de Saúde - www.redesaude.org.br
Rede Semente Sul - www.sementesul.ufsc.br
Rede Sementes do Cerrado - www.sementesdocerrado.bio.br
Rede Sementes do Pantanal - www.ead.ufms.br/sementes
Rede Sementes da Amazônia - www.rsa.ufam.edu.br:8080/sementes

ÍNDICE DOS GRÁFICOS, FIGURAS, TABELAS, MAPAS E QUADROS

Parte 1: Construindo redes de EA no Brasil

Tabela 1 Potencial individual e coletivo 22

Parte 2: Tecendo a REPEA

Tabela 2 Mudança de ênfase da ação auto-afimativa para a integradora 26
Gráfico 1 Linha do tempo 35
Gráfico 2 Linha do tempo 39
Tabela 3 Atividades do II EEEA & I EPCEA´s 41
Tabela 4 Dados da REPEA 43
Gráfico 3 Gestão da REPEA 44
Gráfico 4 % da distribuição das categorias (03/2003 a 09/2004) 47
Gráfico 5 Classificação das mensagens da lista da REPEA 48

Parte 3: Conhecendo a EA no Estado de São Paulo

Figura 1 Mapa da distribuição do número de pessoas cadastradas no banco de dados da REPEA nas diferentes UGRHI (novembro/2003) 59
Gráfico 6 % da identidade das pessoas cadastradas no banco de dados da REPEA (novembro/2003) 60
Gráfico 7 Formação dos educadores, educadores ambientais e outros (Banco de dados da REPEA/nov/2003) 60
Gráfico 8 Público-alvo das atividades de EA (Banco de dados da REPEA/nov/2003) 61
Tabela 5 Percentual de pessoas cadastradas na REPEA, segundo seu ambiente de atuação (dados nov/2003) 62
Tabela 6 Dados do IBGE relativos à distribuição da população brasileira nos ambiente urbano e rural no período de 1950 a 2000 62
Gráfico 9 Percentual de articulação das pessoas cadastradas no banco de dados da REPEA (novembro/2003) 63
Gráfico 10 Demandas identificadas pelo diagnóstico da EA da REPEA segundo suas prioridades (nov/2003) 64
Figura 2 A capacitação dos educadores em EA, segundo a diversidade regional das UGRHI (REPEA/nov/2003) 65
Figura 3 Financiamento das atividades em EA, segundo as necessidades regionais (REPEA/nov/2003) 65
Gráfico 11 Percentual de pessoas cadastradas cujas atividades em EA estão relacionadas aos temas citados 66
Figura 4 Percentual de pessoas cadastradas que têm sua atuação em EA relacionada ao tema Manejo e Conservação dos Recursos Hídricos (REPEA, novembro/2003) 67
Figura 5 Mapa da vulnerabilidade das águas subterrâneas do Estado de São Paulo (DAEE, 1999) Síntese do Relatório de Situação dos Recursos Hídricos do Estado de São Paulo: DAEE, 1999 67
Figura 6 Percentual de pessoas cadastradas que têm sua atuação em EA relacionada ao tema Planejamento do Uso do Solo (REPEA, novembro/2003) 68

Figura 7 Percentual de pessoas cadastradas que têm sua atuação em EA relacionada ao tema Consumo e Desperdício (REPEA, novembro/2003) 69
Figura 8 Classificação das UGRHIs quanto à vocação econômica (Relatório de Qualidade das Águas Interiores do Estado de São Paulo 2003: CETESB, 2004) 69
Figura 9 Percentual de pessoas cadastradas que têm sua atuação em EA relacionada ao tema Saneamento (REPEA, novembro/2003) 70
Gráfico 12 Percentagem de tratamento dos esgotos domésticos nas UGRHI no Estado de São Paulo (Relatório de Qualidade das Águas Interiores do Estado de São Paulo 2003: CETESB, 2004) 70
Tabela 7 Destinação final dos resíduos sólidos domiciliares nos municípios do Estado de São Paulo 1997 a 2003 (Inventário Estadual de Resíduos Sólidos Domiciliares - Relatório de 2003: CETESB, 2004) 70
Gráfico 13 Percentual de participação das instituições cadastradas na REPEA em novembro/03. 71
Gráfico 14 Percentual de participação das metodologias nas atividades de EA das instituições cadastradas na REPEA 72
Gráfico 15 Fontes de informações utilizadas pelas instituições cadastradas na REPEA 72
Gráfico 16 Instâncias de articulação das instituições cadastradas na REPEA 73

Parte 4: EA nas bacias hidrográficas do Estado de São Paulo

Mapa 1 Mantiqueira 82
Quadro 1 Dados da REPEA: Mantiqueira 83
Mapa 2 Paraíba do Sul 84
Quadro 2 Dados da REPEA: Paraíba do Sul 85
Mapa 3 Litoral Norte 86
Quadro 3 Dados da REPEA: Litoral Norte 87
Mapa 4 Pardo 88
Quadro 4 Dados da REPEA: Pardo 89
Mapa 5 Piracicaba, Capivari e Jundiaí 90
Quadro 5: Dados da REPEA: Piracicaba, Capivari e Jundiaí 91
Mapa 6 Alto Tietê 92
Quadro 6 Dados da REPEA: Alto Tietê 93
Mapa 7 Baixada Santista 94
Quadro 7 Dados da REPEA: Baixada Santista 95
Mapa 8 Sapucaí e Grande 96
Quadro 8 Dados da REPEA: Sapucaí e Grande 97
Mapa 9 Mogi-Guaçu 98
Quadro 9 Dados da REPEA: Mogi-Guaçu 99
Mapa 10 Sorocaba e Médio Tietê 100
Quadro 10 Dados da REPEA: Sorocaba e Médio Tietê 101
Mapa 11 Ribeira de Iguape e Litoral Sul 102
Quadro 11 Dados da REPEA: Ribeira de Iguape e Litoral Sul 103
Mapa 12 Baixo Pardo e Grande 104
Quadro 12 Dados da REPEA: Baixo Pardo e Grande 105

Mapa 13 Tietê e Jacaré 106
Quadro 13 Dados da REPEA: Tietê e Jacaré 107
Mapa 14 Alto Paranapanema 108
Quadro 14 Dados da REPEA: Alto Paranapanema 109
Mapa 15 Turvo e Grande 110
Quadro 15 Dados da REPEA: Turvo e Grande 111
Mapa 16 Tietê e Batalha 112
Quadro 16 Dados da REPEA: Tietê e Batalha 113
Mapa 17 Médio Paranapanema 114
Quadro 17 Dados da REPEA: Médio Paranapanema 115
Mapa 18 São José dos Dourados 116
Quadro 18 Dados da REPEA: São José dos Dourados 117
Mapa 19 Baixo Tietê 118
Quadro 19 Dados da REPEA: Baixo Tietê 119
Mapa 20 Aguapeí 120
Quadro 20 Dados da REPEA: Aguapeí 121
Mapa 21 Peixe 122
Quadro 21 Dados da REPEA: Peixe 123
Mapa 22 Pontal do Paranapanema 124
Quadro 22 Dados da REPEA: Pontal do Paranapanema 125
Tabela 8 Recursos do Fehidro até 2003 126
Mapa 23 Exemplo de como elaborar mapa da UGRHI 129

APOIO

repea

WWF

semasa
SANEAMENTO AMBIENTAL

HSBC
No Brasil e no mundo, HSBC

BANCO REAL
ABN AMRO

SUZANO
PAPEL E CELULOSE

Ministério do Meio Ambiente

BRASIL
UM PAÍS DE TODOS
GOVERNO FEDERAL

CRÉDITOS

Textos
Alexandre Falcão de Araújo, Cyntia Helena Ravena Pinheiro, Denise Hamú, Edna Kunieda, Fabio Cascino, Gabriela Priolli, Gustavo Lima, Haydée Torres de Oliveira, Heloisa Sisla Cinquetti, Isabel Carvalho, Ivan Alexandre Ferrazoli de Marche, João Luiz Pegoraro, Jorge Gerônimo Hipólito, Larissa Costa, Luiz Afonso Vaz de Figueiredo, Luzia Sigoli Fernandes Costa, Marcos Sorrentino, Maria Tavares, Mônica Pilz Borba, Patricia Bastos Godoy Otero, Pedro R. Jacobi, Raquel Fabbri Ramos, Regina Teixeira, Rogerio da Costa, Samuel Roiphe Barrêto, Viviane Amaral, Wilson Barbosa.

Organizadoras
Cyntia Helena Ravena Pinheiro, Mônica Pilz Borba e Patrícia Bastos Godoy Otero

Revisor
Vicente Emyqdio Alves

Assistente de organização
Mirana Helena Mayer Casali

Projeto gráfico e Capa
Leonardo Almeida - Oca Design <www.ocadg.com.br>

Cessão dos mapas
DAEE – Departamento de Águas e Energia Elétrica da Secretaria de Energia
IGC - Instituto Geográfico e Cartográfico – Coordenadoria de Articulação e Planejamento Regional da Secretaria de Economia e Planejamento do Estado de São Paulo

Apoio técnico
DGDA – Departamento de Gerenciamento de Dados Ambientais – Coordenadoria de Planejamento Ambiental Estratégico e Educação Ambiental da SMA
LIG – Laboratório de Informática Geológica – Departamento de Geologia Sedimentar e Ambiental do Instituto de Geociências da Universidade de São Paulo

Apoio ao projeto
5 Elementos – Instituto de Educação e Pesquisa Ambiental
WWF - Brasil
HSBC
SEMASA
Banco Real ABN AMRO
Suzano - Papel e Celulose
Ministério do Meio ambiente

ctp, impressão e acabamento
imprensaoficial
Rua da Mooca, 1921 São Paulo SP
Fones: 6099-9800 - 0800 123401
www.imprensaoficial.com.br